刘家辰　著

中国海洋大学出版社
·青岛·

图书在版编目（CIP）数据

诺米出蒸 / 刘家辰著. –– 青岛：中国海洋大学出版社, 2021.10
ISBN 978–7–5670–2978–1

Ⅰ.①诺… Ⅱ.①刘… Ⅲ.①作文课—小学—教学参考资料 Ⅳ.
①G624.243

中国版本图书馆CIP数据核字(2021)第221502号

诺米出蒸　　NUOMICHUZHENG

出版发行　　中国海洋大学出版社
社　　　址　青岛市香港东路23号　　邮政编码　266071
出 版 人　　杨立敏
网　　　址　http://pub.ouc.edu.cn
订购电话　　0532–82032573（传真）
责任编辑　　张　华
照　　　排　青岛光合时代传媒有限公司
印　　　制　青岛国彩印刷股份有限公司
版　　　次　2021年10月第1版
印　　　次　2021年10月第1次印刷
成品尺寸　　150mm×218mm
印　　　张　9
印　　　数　1~2000
字　　　数　76千
定　　　价　36.00元

如发现印装质量问题，请致电0532–58700166，由印刷厂负责调换。

儿童式幽默哪里来？

孙云晓

家乡青岛的老朋友推荐了一位小女生的习作集《诺米出蒸》，希望我给予一些意见。虽然不认识这位生活在青岛崂山区的四年级女生刘家辰（即诺米），但完全没想到，这位"10后"女生的文章给我带来了少有的快乐，她描述的小学生活妙趣横生，我读着读着就会忍俊不住哈哈大笑起来。所以，我非常愿意为家乡的小文友写序推荐，因为她充满童年情趣与幽默感的文字耐人寻味，值得与其他小学生及其父母和老师分享。

许多小学生都害怕写作文，认为没有什么可写，其实是身在宝山不知宝。读了《诺米出蒸》的同学，很可能大开眼界，因为仅仅是小学一到三年级的生活，诺米同学就描述得丰富而生动，她以自己为主人公，记述了一波三折的校园故事，既有你意想不到的同伴关系，也有"惊心动魄"的师生关系。小小的诺米为何如此威武？至少有两大秘诀，一是热爱生活，用心体验和观察；二是博览群书，读写妙用。诺米的描述为什么生动有趣？是因为抓住了许多鲜活的细节，所以能够娓娓道来，栩栩如生。诺米的文字为什么富有魅力？

是因为广泛的阅读和巧妙的运用，因而既有气势又不乏趣味。读诺米的作品，能够感受到她胸中自有百万兵的豪气，也不难理解她为什么可以左右逢源，这绝对得益于博览群书的深厚根基。多读课外书似乎占用功课的学习时间，却是磨刀不误砍柴工，诺米就是一个极佳的例证。

对于父母和教师来说，读《诺米出蒸》自然与孩子的感受和视角有所不同，那就是成年人如何看待童年。诺米同学是青岛市崂山区实验学校少先队大队委员，荣获 2021 年度青岛市"新时代好少年"荣誉称号，还获得过全国中小学生作文大赛一等奖等诸多荣誉，是极具个性的当代儿童。例如，她似乎很贪玩很调皮，不很在意老师的表扬与批评，但却喜欢观察老师。最为典型的就是她对班主任车老师的描写，从头到尾都没有尊称，只称之为车尔摩斯，并且泼墨如雨地描写如何与之斗智斗勇，似乎颇有大不敬之意。其实，儿童都是研究大人的专家，研究老师几乎是中小学生的"必修课"。小作者如此表达正是当代儿童渴望平等的体现，实际上，小作者在调侃的字里行间，充满了对班主任的敬畏之情，甚至用令人信服的细节赞叹班主任高超的教育教学本领。之所以称班主任为车尔摩斯，也是源于小作者对世界著名侦探福尔摩斯的钦佩之情。

作为从事儿童教育近 50 年的研究者和儿童文学作家，一位"50后"的青岛人，我为能够与"10后"家乡小作者诺米以文会友倍感欣慰，我们之间相隔一个甲子啊，我从她身上感受到强烈的新人气息。从她自然流畅的文笔，从她鲜活灵动的个性，我感受到一个儿童的自信与幽默，这是比文采更为珍贵的品质。

对于成年人来说，幽默是一种优雅而智慧的情绪反应，体现出博爱的处世风格。儿童的幽默虽有类似的特点，却更多与童真相关，表现出更多的好奇，更丰富的想象，更有趣的探究。《诺米出蒸》里的儿童式幽默比比皆是，均来自幸福充实的童年，得益于改革开放的中国进步所带来的生机勃勃的新生活。这就是新时代所赋予的神奇力量，自然也与父母和教师以爱育爱、智慧引导密切相关。

诺米有三个弟弟妹妹，她既要努力做出大姐的榜样，也难免糗事不断，所以与弟弟妹妹在一起很是热闹，这种体验给予小作者源源不断的灵感。养育四个孩子，诺米的父母不仅没有乱了阵脚，而且为孩子们创造了美好的家庭生活，引导孩子们相互学习、相互帮助，可谓强大的父母。

初读《诺米出蒸》之时，我对书名很好奇，不确定书中的故事是真实的还是虚构的，便给诺米的妈妈留言询问。不料，在诺米妈妈的手机里传来一个小女孩的声音，普通话很标准："孙爷爷好！我是刘家辰，小名诺诺，慢慢被叫成诺米或糯米团。车尔摩斯生气时会说，'把糯米团蒸着吃了得了，省得留着气我'。我想，与其被蒸了出锅，不如出征去成长。我写的故事，90% 是真实的，10% 是有艺术性创作的。"诺米的回答真有趣，她的处女作犹如糯米刚刚出锅香喷喷，更是踏上文学之路的第一个清新的脚印。随后，诺米发来了她设想的两幅图片，一个是她乘坐在神舟飞船上，另一个是在载人潜水器"蛟龙"号上。小小诺米心有多大、梦有多远，新时代的儿童真是"强国有我"，令人叹服！我也欣喜地得知，《诺米出蒸》将是一个系列作品，会有更多更精彩的故事与读者分享。

作为一个老青岛人，也作为一个有些文学创作体验的作家，我读诺米目前的作品，也发现了一些城市化的隐忧，那就是作为在崂山区生活的孩子，虽然有吃蛤蜊和山里采摘樱桃等经历，对山与海的博大深邃体验较浅。当然，这绝不是诺米一个孩子的缺憾，而是这一代孩子的缺憾——在享受城市文明的同时与大自然渐行渐远。实际上，神秘的大海与深山蕴藏着极为丰富的资源，并与人类的精神世界息息相通。因此，越是现代化越是需要亲近自然。或许有人认为我的要求过高，对小作者有些苛刻，而我却对诺米以及新一代年轻作者寄予厚望，希望他们能够坚持写下去，并且突破城市化的束缚，因为亲近自然、天人合一才能飞得更高更远。

如宋代诗人杨万里所描述，"小荷才露尖尖角"，《诺米出蒸》就是一棵闪动着露珠的"小荷"，是一部难得的儿童习作集，值得广大小学生及其父母和老师阅读。所以，我愿以诚意作序推荐。

孙云晓

中国青少年研究中心家庭教育首席专家、教育部家庭教育指导专委会副主任委员、首都师范大学特聘教授、中国作家协会第五届至第九届全国委员会委员、儿童文学委员会委员，文学作品有《夏令营中的较量》《16岁的思索》《金猴小队》等。

诺米

车尔摩斯

唐果果

笑嘻嘻

王卜卜

黄小·瓜

李大侃

袁圈

周周

王小·帅

张小·山

上学记

大半夜的，什么声音在耳边嗡嗡嗡？还让不让人睡觉了！

睡得正香的诺米被隐约传来的声音扰了好梦，随手拽过被子捂住头。可那个声音就像和她作对一样，一声高过一声，"清对淡，薄对浓。暮鼓对晨钟……"

哦，原来是弟弟妹妹在晨读，诺米睁开惺忪的眼睛，挠挠蓬乱的头发，努力眯起眼睛瞟了一眼床边的闹钟——还早呢，再去找周公聊会儿。

"姐姐，七点了，快起床！"一阵急促的声音似乎从梦里传来。

七点了？不是梦吧？瞬间清醒的诺米一骨碌翻身而起，抓起校服套上就往外跑。

只见诺米三步并作两步冲进洗手间，刚刷上牙却突然想起了什么，含着满嘴牙膏泡沫大喊："快，大齐！课

程表在桌子上，帮我整理一下书包。"唉，不用说，肯定又是昨晚偷懒没有收拾书包。

平时刷牙洗脸能磨蹭上十几分钟的诺米，今天破天荒地一分钟搞定。刚坐在餐桌旁喝了一口牛奶，她忽然想起没有签字的英语作业，于是又扯着嗓子喊起来："大齐，快把英语作业拿给妈妈签字！"真是"兵荒马乱"的一大早啊！

没多会儿，大齐便举着英语作业本跑过来："姐姐，妈妈签字了，但她说不对作业负责，而且妈妈以后拒绝早上签字。"

今天签了就好，以后的事儿谁知道呢。诺米暗自开

心着，毕竟，诺米妈可不是好忽悠的。"成，以后的事儿以后再说！"

一杯牛奶，两个小笼包，狼吞虎咽的诺米忽然转头看到沙发上正在悠闲地看文件的诺米妈，淡定的模样一看就是吃准了诺米会迟到。内心受到一万点暴击的诺米在心里哀嚎——不生气，不生气！是亲妈，是亲妈！

秒针它转了一圈又一圈啊，开动小马达的诺米，终于在比正常出门时间晚7分钟的时候出门了。

你以为出门就万事大吉了吗？答案当然是——No！早上什么样的路况，不用说诺米也知道。

红灯，红灯，又是红灯！坐在后排的诺米看着比平日多出来这么多的红灯，真怀疑是开车的诺米妈使用了什么魔法。

看着电子屏上和蜗牛一样慢腾腾倒计时的红色数字，诺米小心翼翼地问："妈妈，我不会迟到吧？"回应她的是一片安静。当诺米以为亲妈没有听到她说话的时候，从前排悠悠地传来一句话："不知道，那要看你下车后奔跑的速度了。不过，如果你迟到被罚，记得告诉我，我去庆祝一下。"

哭笑不得的诺米，再次默念30遍：是亲妈，是亲妈……

"距离目的地还有 500 米，前方堵车 200 米，预计通行时间 6 分钟。"导航中传来令诺米感到恐怖的解说。6 分钟？到学校黄花菜都凉了！看着前方密密麻麻的车辆长龙和尽头隐约浮现的校门，诺米弯腰重新系了一下鞋带，把书包固定好："亲妈，我要下车奔跑。"好嘛，为了不被车尔摩斯发配到教室外面，诺米这是打算要破釜沉舟、终极一战啊！

右手抓书包，左手拿水壶，挂上健康卡，甩开胳膊，和时间来场赛跑吧！呼哧呼哧，诺米感觉两条腿像是钟表上的大摆锤，近了，近了，终于成功跨过学校门口。只是，以前也没有感觉教室离校门口这么远啊！双腿不停奔跑的诺米，大脑也在疯狂转动：万一迟到了，说什么理由呢？堵车？闹钟坏了？算了，还是实话实说吧，不要挑战车尔摩斯的底线了。

遥望着亲切的班级铭牌，看着空荡荡的走廊，大喘气的诺米压根儿没有听到上课铃声有没有响起。既来之，则安之，听天由命吧！

"报——告！"响亮中夹杂着大喘气，不用说，车尔摩斯已经稳稳地站在讲台上了。

"进来！"

诺米最怕车尔摩斯平静的语调了，因为她不知道自

己将要听到的下句话是什么。

"自己看看墙上的表！"淡定的车尔摩斯下一句话仿佛能将人拖入深渊。

诺米抬头一看，鲜红的 **08:02** 异常醒目，迟到了两分钟。早知道不那么卖命地跑了，反正两分钟和五分钟后果也没什么差别。

看到时间的诺米，不等车尔摩斯发话，就自觉站在门口——罚站！她心里默数着："1，2，3……86，87，8——"

"丁零零……"什么？下课了？怎么也不会迟到这么

长时间吧？熟悉的铃声惊得诺米嘴巴都合不上了。

"老——师——好！"听着教室里传来熟悉的声音，诺米同学当场"石化"。敢情自己没迟到，是教室的表走快了！

不待车尔摩斯招呼，诺米迅速溜回座位。历经艰辛才和自己的桌椅见面，诺米一边怪自己表现得太乖巧了——车尔摩斯说让看下时间，但也没说她迟到啊，自己却巴巴地跑去"站岗"；一边想着车尔摩斯也太狡猾了，看来以往的经验教训还不够，必须得再多多积累战斗经验才行！

趁着车尔摩斯没讲课，诺米挥笔成就一篇打油诗，打算将它送给车尔摩斯，至于车尔摩斯欣赏过的后果，她暂时还没考虑。

"趣"上学

早上闹铃一声响，

一切就像上战场。

车老吹响集结号，

冲进课堂书声琅。

妈呀，差点迟到！

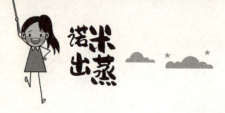

最盼老师录课忙，
有夸有奖嘴角扬。
最爱快乐自习课。
防火防盗防门窗。
天呐，后门有师！

班规禁玩各色泥，
暗中藏好是关键。
兴起忘形留痕迹，
挨批认错不辨析。
悔啊，藏术不精！

放学铃响心花放，
效仿鸟儿把歌唱。
美食冷饮味蕾爽，
课外时光欢乐漾。
啥呢，似在等待？

蓦然回首，
是那作业在灯火阑珊处！

作文课？ 游戏课？

不写作文玩游戏

自从学过写人作文的方法，车尔摩斯已经让大家练习过不知道多少篇作文了。从老师同学写到爸爸妈妈，从熟悉的人写到陌生人，从最有趣的人写到最喜欢的人，就在诺米认为自己已经写无可写时，周三的作文课如约而至。

上课铃响起，车尔摩斯一如既往地空手走上讲台。

"今天先不写作文，我们来做个游戏：猜猜他（她）是谁。"

一听不用写作文，班里一下子炸开了锅，纷纷议论开来，有的说太幸福了，有的说难得一见。诺米却想着车尔摩斯一定有后招，还是不要高兴得太早。

只是这次诺米的担心好像有点多余，因为车尔摩斯

已经开始说游戏规则了。"你们可以选择班中任何一位同学，用一段话来描述他（她）。当然，这段话中不能出现名字，让大家猜猜他（她）是谁。如果大家一猜就中，证明你描述得很准确；如果大家都猜不出来，那就不算成功，需要重新描述。还是那句话——注意细节描写！听明白了吗？"

大家你看看我，我看看你，都觉得不用写作文，还能玩游戏，实在是美好的一节课，于是铆足了劲儿喊："明——白——了！"谁也没有听见诺米的嘀咕："这不就是把写作文变成说作文了吗？你们也太容易被忽悠了！"

猜猜他（她）是谁

既然开始游戏，总要有个"急先锋"，可怜的诺米又被车尔摩斯揪着打头阵。

被迫发言的诺米环顾四周，25 颗星星，20 朵花，每颗星星都闪烁着自己的光芒，每朵花都散发着自己的芳香。45 位小伙伴，和而不同，各美其美：有的活泼可爱，有的认真稳重，有的幽默风趣，有的俏皮捣蛋……每个人都因不同而精彩。只是这猜猜看的游戏一定要找有代表性的小伙伴，那该说谁呢？诺米觉得自己一定得好好

想想。

努力思考的诺米，转眼看到旁边的她——有了！

"她有一双美丽的眼睛，不算大，却像夏夜晴空中的星星那般晶莹，又像秋日小溪流水那样清澈，眸光中闪耀着聪慧、活泼。她笑起来的时候，微微扬着头，甜甜的笑容浮在圆圆的脸上，可爱极了。柔软的头发，经常梳起两个羊角辫，走起路来一甩一甩，犹如一只误闯入森林的小精灵。你能猜到她是谁吗？"诺米期待地问道。

小伙伴们还算配合，你说一个名字，我说一个名字，只不过一个都没有对上号，让诺米开始怀疑自己描述的到底是谁。讲台上的车尔摩斯继续"补刀"："诺米同学，你说的这些咱班好几个女生都能对上号，不能怪大家猜不出来。你想想，她还有什么特点？"

特点？诺米开动自己的脑筋，努力思考着。"她是班里为数不多能够睡着午觉的同学，不仅入睡速度极快，睡沉时有时嘴巴还会一张一合，好像在跟同学聊天；有时也会嘴巴微微张开，嘴角上扬，好像梦到了今天没有作业。她睡得很香，即使铃声也不能把她从美梦中唤醒，经常需要同学拍醒她。这时，她会揉搓着惺忪的睡眼，迷迷糊糊地做起眼保健操。"

——"唐果果！"

——"唐果果！"

——"唐果果！"

几个响亮的声音争先恐后地响起。

"Bingo！回答正确！"诺米说着还不忘冲猜对答案的同学伸出大拇指。

有诺米的带头示范，大家都熟悉了游戏规则，也不用车尔摩斯点名，一个个积极踊跃地参加。

"他是一颗极具特色的小星星。眉眼弯弯，好像一直带着笑意，犹如夜空里皎洁的上弦月，又如掩映在流云里的月亮。白皙的皮肤衬托着肉肉的鼻子、圆圆的脸庞以及有福气的多层下巴，既阳光又可爱。"

"他非常有礼貌，对同学总是充满热情，是一位天生的乐天派。他是站队时唯一可以大声说话却不会被批评的同学。他的口令会让班级队伍更有秩序。如果忽略他圆溜溜的、装满学问的小肚子，他喊口令的神态好似一位小军官，声音响亮、干脆，丝毫不拖泥带水。如果学校设立喊口令奖，他的班级定会名列三甲！"

——"王小帅！"

"这位男同学高高瘦瘦，有帅气的短发，额前还留着美美的刘海儿。一张嘴巴虽然不大，话却不少；一双如

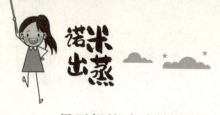

月牙般笑眯眯的眼睛透着狡黠的光芒，不知道下一秒会想出什么'鬼点子'。宽大的校服也藏不住他那两条不算长却充满力量的双腿，他是'运动天才'，跳绳、高尔夫球样样精通。他最厉害的还属跑步，是'风一样的男孩'。"

"跑得太快也有烦恼，每次玩'人在江湖'时，大家都不喜欢去追他，因为我们根本摸不到他的衣角！不过，他在游戏中让我们'讨厌'的速度在赛场上却可以为班级增光添彩。学校运动会上，开跑的枪声一响，他便像一支离弦之箭射了出去。观众席上的我们只能看到他的脚不停地在棕红色的跑道上点着，就像蜻蜓点水一样。这只脚还没落地，另一只脚就抬了起来，宛如武侠小说中的'水上漂'，转眼就把其他同学甩下很远，速度之快令人叹为观止。"

——"袁圈！"

"她看似文静乖巧，实际上却是活泼、调皮的橡皮泥小专家。橡皮泥在她手中仿佛被注入了生命，揉捏拉扯，一切尽在掌握。有时她将橡皮泥搓成各种动物的形象，有时又将橡皮泥做成车尔摩斯发怒的样子。她制作的橡皮泥不但手感滑腻软糯，还有各种玄幻色彩。加点红色，兑点白色，揉捏搓戳，一块精心调制的粉色橡皮泥便诞生了。再往手中的黄色中加点蓝，左捏一下，右抓一下，'绿

巨人'的雏形便完成了。可惜她向来藏术不精，不是粘到身上、桌上，就是蹭到手上，这么显眼的位置，想让大家装作看不到有难度，想不被批评也有点难。唉，这不是挑战车尔摩斯的智商吗？"

——"笑嘻嘻！"

⋯⋯⋯⋯⋯

车尔摩斯舒坦地坐在讲桌后面，看着教室里热火朝天的游戏现场，露出满足的笑容。

诺米刚开始还怕被车尔摩斯给坑了，不过小伙伴们

实在是热情高涨，一人接着一人地说，听得诺米嗓子直痒痒，可是脑海中一会儿闪过这位同学，一会儿又跑来那位小伙伴。哎呀呀，不得了了，这么多自己想要描述给大家猜猜看的小伙伴，这要怎么选择呢？选择困难症的诺米头大地拽着自己的马尾辫。

一气呵成的"小哪吒"

第一节作文课很快结束了，稍做休息，待到第二节课大家正跃跃欲试的时候，车尔摩斯宣布："大家第一节课玩得很开心，你们描述得也很好。那这节课就开始写作文，就写一篇写人记事的作文——猜猜他（她）是谁。"

听着车尔摩斯的话，诺米觉得自己千算万算还是跳入了车尔摩斯挖的"坑"，于是心有不甘地站起来说："您不是说不写作文了吗？"

车尔摩斯也不生气，笑着说："诺米同学刚才是不是神游了？我说的是第一节课不写作文，没说一直不写作文啊。"

诺米现在只能想到一个词——老狐狸！

不过，很快，诺米就不再纠结了，因为车尔摩斯刚刚提醒说："抓紧时间写，这是限时作文，下课前交上

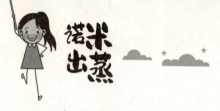
来。"妈妈咪呀，又是限时作文，诺米对上次公开课上磨叽写作文的结局记忆深刻，绝对不想再挑战车尔摩斯的怒火。

可是，脑子告诉诺米要写，手却说自己不知道咋写。写谁呢？写谁呢？突然，诺米眼前一亮，对了，就写身边这个摇头晃脑的"小哪吒"！

拿定主意后，诺米可谓下笔如有神，笔尖在作文本上"唰唰唰"，留下一行行还算端正的字。没办法，限时作文讲究速度，请车尔摩斯凑合看吧。

"翻版'小哪吒'，这是大多数人看到她后的第一印象。她有如同瓷娃娃般光滑洁净的皮肤，胖嘟嘟的脸上嵌着一双山葡萄一般的大眼睛，托腮思考时，忽闪的眼眸显得格外黑、格外亮，犹如两颗浸在慧海中的稀世珍珠。她有着圆润的下巴，一笑起来，眼睛弯弯像月牙儿，甜美的笑容就像一泓清澈的泉水，能够抚慰所有的坏情绪，如果头发扎上两个小鼓包，和电影中的'魔童'哪吒有太多相似之处。"

"她不仅长得像哪吒，活泼调皮的她也有一项'盖世神功'——摄影。别看她年纪小，每次班队活动，却是我们最信任的摄影师，从立意构图到光线色彩，她用精湛的摄影技术给班级留下了各种珍贵回忆。"

"看，这就是我们熟悉的她。神似小哪吒,善良又友爱。摄影神功盖,逍遥又自在。你能猜到她是谁吗?"

…………

哈哈,终于赶在下课铃响起的最后一秒写完了,完全符合诺米"提前一秒是浪费"的作风。

在诺米把作文交给车尔摩斯的一瞬间,听到了一个让她悲痛欲绝的消息:"诺米,你今天是用左手写的字?太欠练了!回去加练两张字帖!"

呜呼哀哉,车尔摩斯绝对是故意的!那个谁,你答应过的能写漂亮钢笔字的"智能手",啥时候才能发明出来啊?我愿意放弃一个月的冰激凌来拥有它!

郁闷代表我的心

上课铃声如约响起，又到了诺米最喜欢的作文课。不知道车尔摩斯这节课又会玩什么新花样。以往的作文课，车尔摩斯每次都会根据单元主题，给大家带来不一样的故事，备受好评。

就像今天，车尔摩斯给同学们详细讲解了写作技巧后，决定来点不同的"玩法"。她建议大家学一学优秀范文的写作方法和优美语言，从作者的文笔中感受写作技巧。也就是说，大家可以抄写一篇自己认为最切题的作文。

抄写作文？"简单简单，小意思啦！"诺米同学想着自己能很快完成，这样就可以挤出时间再偷偷看上两页福尔摩斯了。

正当诺米为自己的计划窃喜时，车尔摩斯抛来了更大的惊喜："诺米，你不用抄写……"

什么？天上掉馅饼了？还正好砸在自己头上？诺米瞬间感受到四周小伙伴热烈的充满羡慕嫉妒恨的目光，像一道道小飞刀射向自己。顾不上回应小伙伴，诺米坐直了身子，两只眼睛瞪得大大的，不可置信地看向车尔摩斯。咦，车尔摩斯没反应？接着看，好像又看到车尔摩斯点了点头，这是对自己疑问的回答吧？诺米看着、想着就当作了真的。不会吧，真的不用抄作文？那这节课岂不是就可以解放了？不相信的诺米还伸出小胖手用力捏了一下同桌的胳膊，只听得他"嘶嘶"倒吸气，看样子疼得厉害，那就不是诺米在做梦。

Oh yeah！兴奋的诺米转眼看到好友笑嘻嘻投来的哀怨目光，她选择自动忽略，还向笑嘻嘻得意地咧嘴一笑，像兔子一样露出两颗大门牙。

不用抄写作文，意味着诺米有 40 分钟的自由时间，干什么呢？不如设计一下放学后如何捉弄弟弟妹妹的恶作剧？主意不错，写份计划书耗时 15 分钟，还有 25 分钟。再编个理由逃避今天的作业和字帖？也不错，不过车尔摩斯不好骗，此项工作需耗时 10 分钟。再想想去买个什么样的冰激凌？棒极了，耗时 1 秒钟！剩下……不管了，剩下时间都贡献给福尔摩斯了。

"诺米，你不用抄写，你自己写一篇。"什么，什么？

正在双手托腮、咧嘴大笑、畅想美好生活的诺米，好像听到车尔摩斯喊自己名字。不会是车尔摩斯发现了自己的小心思吧？不行不行，千万不能被她发现。诺米强忍笑意，赶紧假装正襟危坐。

"诺米，你自己写一篇，下课前交上来。"车尔摩斯看着神游太虚的诺米，好心地又强调了一遍。这次诺米发现不是自己幻听，是真的听到了自己的名字，听到名字不恐怖，恐怖的是后半句！车尔摩斯，请问什么叫我不用抄写……我自己写？有这么说话大喘气地说一半的吗？

诺米完全忘记了，不是车尔摩斯说了一半，而是自己压根就听了一半啊。虽然知道车尔摩斯向来说出的话就是落地的钉，但深受打击的诺米还是抱着最后一丝幻想，可怜巴巴地、目光紧紧地、眼睛眨也不眨地盯着车尔摩斯，谁知车尔摩斯完全来个无视。

1分钟，2分钟……诺米感觉自己的眼睛酸胀得要流眼泪了，正想着要不要让眼泪流出来的时候，终于看到车尔摩斯转头看了诺米一眼，只是满脸写满了疑问：怎么了，诺米同学，你有事？！

看懂车尔摩斯潜台词的诺米，最后一丝幻想也被打破，只好乖乖认命。写呗，不然还能怎么办？总不至于为了一篇作文来场"课堂起义"吧！

短短两分钟，经历了大喜大悲的诺米，此刻狠狠地在作文本上写下一行题目：郁闷代表我的心！

不靠谱的"情报基地"

一、"情报基地"

每周的社团活动都让诺米很期待，在这些活动中可以获悉各班的小道信息，虽说诺米不像李大侃那样"八卦"，但是人嘛，总要有一颗好奇的心。

"听说三班的班主任老美了，鼻子快赶上匹诺曹了。"

"不止呢，说话还超级幽默，很受欢迎。"

"那叫帅气，怎么能叫美！"

"七班的老师头发梳得笔直，穿上裙子可漂亮了。"

…………

这不，开学第二天，趁着社团课开始前这么一小段空隙，七八位同学围在一起开始叽叽喳喳。

说完三班的老师，再来个八班的小道消息，说着说着，

也不知是谁起的头，就说到了车尔摩斯头上。几个人围着诺米问个不停："诺米，你说说，车尔摩斯是不是特温柔？每次见到她总会冲我笑，那小虎牙可爱极了。"诺米一听，愣了。这说的是车尔摩斯本斯吗？不会是这位同学看花眼了吧？本想极力否认的诺米，突然想到一个主意，嘿嘿一笑："明天不是车尔摩斯负责托管吗？反正你们有人在那个班，到时候亲自体验一下不就知道了。"

一句话说得让大家对神秘的车尔摩斯充满了期待，只是一旁的诺米默念：希望到时候你们不要太后悔哟！

二、体验车尔摩斯的温柔

盼呀望呀，终于到了周三放学的时间。社团的几名同学一路小跑着来到托管班，恰好遇见正要进门的车尔摩斯。看着传说中温柔可亲的老师，大家都认为前几天的小道消息绝对靠谱。

诺米看着眼前这几位还抱有幻想的同学，只顾着捂嘴偷笑。

讲台上，车尔摩斯翻看着资料，时不时向台下扫上两眼。教室里，同学们安静地写着作业。语文、数学、英语，每门功课都不落下。谁写完了就拿到讲台上，车尔摩斯会给大家批改。关于一位语文老师如何会批改英语作业的问题，诺米也曾请教过车尔摩斯，记得车尔摩斯是这样回答的："对付你们那点作业，我绰绰有余！"——哈哈，诺米觉得车尔摩斯总会给大家带来惊喜。

半小时后，车尔摩斯开始在教室里巡视。经验告诉诺米，暴风雨快到了。果然，再抬头时，车尔摩斯脸上早已没有了笑模样："完成作业的同学提出表扬。那些没有写完的同学，你们刚才在干什么？现在不写，回家彰显你的用功？那些聊天的，出去说，别影响其他同学！还有你，你是哪个班的？我去找你们班主任聊聊……"不多会儿，又听车尔摩斯开始训话："为什么错这么多？上课干什么去了？字怎么这么潦草……"

已经习以为常的诺米悄悄向社团的几位小伙伴望

去，呵！一个个瞪着眼、张着嘴，那神情要多震惊就有多震惊，看得诺米乐不可支：就说让你们亲自来感受一下吧，是不是很过瘾？

三、百花齐放的"情报"输送

经历了车尔摩斯托管事件的一个午后，当小伙伴们见到诺米的时候，又一次蜂拥而至。"诺米，诺米，车尔摩斯批评过你吗？"诺米做后仰状，"苍天啊，水果捞，你故意的吧，哪壶不开提哪壶！你应该问我，哪天没被批评！"

"诺米，车尔摩斯那么厉害，你们什么感觉？"

"我们很爱她！连车尔摩斯都发现了，我们一说爱她，就是想偷懒的节奏。"

"那你们成功了吗？"

"革命尚未成功，同学仍要努力！"

…………

众多小伙伴听诺米一顿胡诌，也不知道是被说服了还是又找到新话题了，又七嘴八舌地开始了每周的"情报"输送。什么谁谁投票之前拉票啦，谁谁开始追新漫画啦，谁因为一根棒棒糖又跟谁和好啦，哪个班的老师哪节课

在咆哮啦，还有哪位老师在四班表扬五班，转头又在五班表扬四班，结果套路"穿帮"啦……各种消息层出不穷、源源不断，听得诺米热血沸腾，恨不得马上跑过去验证一下各路消息是否属实。

总之，无论大路消息还是小道信息，诺米和社团的小伙伴们享受的是这个不靠谱的"情报基地"带来的各种新奇体验，也从中收获着成长与快乐。

运动会来了

一、雪上加霜的选拔

哎哟，腿要废了！诺米一边慢吞吞地往教室挪动，一边哀怨地默念。刚刚结束一小时的竹笛练习，关键是还站着。这对于能躺着绝不坐着、能坐着绝不站着的诺米来说，每次都是一个不小的折磨。晃晃悠悠，磨磨蹭蹭，看着远在天边的教学楼，诺米恨不得自己生出一对翅膀来。

"诺米，诺米！"远处一个声音传来。诺米抻着脖子四处张望，看到一个人影从操场方向冲她跑来。一看这狂野的奔跑身姿，诺米就知道他是谁了。是谁？袁圈呗，他可是诺米班里的飞毛腿，每次运动会，车尔摩斯都会派袁圈去当先锋呢。

看着越来越近的袁圈，诺米丝毫没有向前走两步的意思。"诺米，快点跟我走，车尔摩斯正在操场上为运动

会搞选拔赛呢，让我来喊你。"别看操场离诺米有 100 多米，可袁圈跑到诺米跟前连气都不带喘的，可见飞毛腿真不是白叫的。

诺米不解地问："运动会选拔喊我做什么？"

袁圈听诺米这么问，愣了愣。"咱班体育水平什么样你又不是不知道。快走吧，马上女子 200 米选拔，你要为大家做榜样。"好吧好吧，在袁圈的强拖硬拽下，诺米一步三回头地向操场移动。

"预备，跑！"车尔摩斯一声令下，站在最外道的诺米期盼着自己也能做一支离弦的箭。只是"理想很丰满，现实很骨感"——刚站了一小时的两条腿实在抵挡不了地球重力的吸引。望着遥不可及的 200 米终点线，诺米觉得自己这次丢脸可丢大了。

顺着跑道一路向前冲的诺米，总感觉有一道目光盯着她看，那意味深长的目光让诺米紧张得差点就要同手同脚了。是谁在这么"深情"地望着自己？诺米带着满肚子问号往前冲。

没有惊喜，只有惊吓。诺米竟然最后一个抵达终点。想当初诺米同学的 200 米在班里也算数三数四的啊，只是最近胃口有点变大，肉肉变得有些多，正好两条腿有些劳累，可是，也不能是最后一名吧？

正当诺米自我安慰时，旁边袁圈大喊一声："这不公平！诺米在最外道，起跑时应该靠前才对。"听到袁圈为自己打抱不平，诺米感动得真想给他个大大的拥抱。

满脸带笑的车尔摩斯开口道："嗯，我也觉得最外道多跑了一大截，那我们来问问诺米同学，为什么起跑前不要求起跑位置靠前些呢？"

啥？啥？我可以主动要求吗？现在诺米不止满肚子问号，满脸也是问号。袁圈也看着诺米，好像在说："对呀，

你咋不要求？"

诺米明白了，自己忽略了弯道问题，也终于明白身后那意味深长的笑是怎么回事了。

真是一场雪上加霜的选拔赛啊！

二、羡煞旁人的入场

激昂的运动员进行曲中，诺米和同学们每人手持一把小花伞，一会儿摆成长方形阵队，一会又舞得错落有致，喊着整齐划一（咳咳！好吧，并不是很整齐）的口号，走过主席台。

要说别班的运动会入场用的都是各种激情澎湃的方式，为什么诺米班选择这么温柔婉约的方式呢？一锤定音的车尔摩斯是这么解释的："雨伞象征团结与力量，可以为大家展示出中队别样的风采。"好嘛，期待的别样风采没看到，诺米倒是接收到了各种羡慕的目光。

为啥会羡慕呢？因为今天的太阳实在太热烈了！真的是"太阳当空照，花儿不再笑"。别班的同学顶着大太阳，一个个眼看着被晒成了小黑球。再看看这边，诺米和小伙伴们手持小花伞，360度阴凉，简直令人心旷神怡！

得意归得意，纪律部长还是要求大家保持对其他班

同学最基本的尊重，不能跑到别处去炫耀，他们只能偶尔发出一阵阵显摆的舒服声——"真凉爽啊！"要知道，运动会前，车尔摩斯千叮咛、万嘱咐她的"三不"政策：不许乱跑，不许乱跑，不许乱跑！李大侃当时还悄悄说车尔摩斯也有迷糊的时候，这不明摆着是"一不"政策嘛！幸亏没被听见，要不然又少不了一顿批。

在车尔摩斯的"高压政策"下，观众席秩序井然，不过这种凉爽和谐的局面很快就被打破了，因为火热激烈的比赛马上开始了。

三、精彩激烈的比赛

比赛开始了，操场立刻成了激烈的赛场。看，东边的男子跳远比赛，张开双臂的选手们像一只只展翅的雄鹰；瞧，西边的女子实心球比赛，平日里文静的小姑娘像有魔法加持，化身大力神。不过最吸引诺米和小伙伴们的还是男子100米跑，这可是班级最有希望夺得金牌的项目。

不用说，参加100米跑的都是各班的速跑健将。他们在起跑线前做着准备活动，个个摩拳擦掌，跃跃欲试。被寄予厚望的袁圈也严阵以待，想为自己的班级增光添彩。

"砰"一声尖锐的枪响，运动员们像一头头猛虎下山，

又像一匹匹脱缰的野马，纷纷冲出起跑线。瞬间，赛道上便只留下他们飞速奔跑的背影。

此时的袁圈占据着第二的位置，他双腿开足了小马达，脚不沾地，好像要乘风起飞一样。额头上豆大的汗珠也顾不得擦，一心盯着前面第一名的背影紧追不放。

诺米和同学们在观众席上，一个个大声呼喊着："袁圈，加油！加油！"连一向文文静静的笑嘻嘻也变得狂热起来，不断振臂高呼，好似她喊得越响，袁圈就会跑得越快一样。

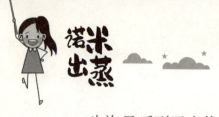

也许是听到了小伙伴们的鼓励，也许是刚刚还没有用尽全力，最后十几米的时候，袁圈的速度更快了，快到诺米远远地只看到了残影。近了，近了，袁圈离第一名的距离越来越近。

终点线就在眼前，袁圈大步一跨，终于以 0.1 秒的优势抢先抵达终点，实现了自己"不辱使命，为班争光"的诺言。诺米、王小帅和笑嘻嘻这帮好友与有荣焉，兴奋得一蹦三尺高，一旁从比赛开始就装作漫不经心的车尔摩斯也笑得眼睛都看不到了。

袁圈，好样的！不愧是班级的速跑大将！

四、文明退场

要说车尔摩斯也算是深刻了解自己班上这些熊孩子，除了赛场上战无敌手、大出风头的袁圈几人，其他人的体育成绩可不怎么样。

"都知道咱班体育成绩难得第一啊，所以，体育不够，精神来凑。你们一定要保证在外不给学校丢人，在校不给班级丢人。运动会退场的时候，一定要检查班级区域内的卫生，做到文明退场。"

卫生部长一边招呼着同学们检查各自位置区域的卫

生，一边带头捡拾地上掉落的垃圾。要知道，如果给班级丢人，同学们在车尔摩斯跟前可没有好果子吃。再说了，爱护环境、人人有责，这口号不能光空喊不行动啊！

经过大家齐心协力的努力，看着整洁的观众席，诺米和小伙伴们一起笑着跳着回到班级。

本次运动会圆满结束！

后门的车尔摩斯

一、自习课上的恐怖故事

窗外瓢泼大雨，安静了几分钟的教室慢慢热闹起来——上课铃响过几分钟还没有老师进来，今天的活动课肯定泡汤了。诺米迅速呼叫好友笑嘻嘻，拉上周周和唐果果，自动切换到"放飞自我"模式。

"诺米，你故事讲得最好，给我们讲个吧。"笑嘻嘻轻摇着诺米的胳膊。要知道，诺米讲的恐怖故事真的超级无敌，笑嘻嘻这群女生经常是一边捂着眼睛耳朵，一边忍不住偷听。

被磨不过的诺米不得不放下手中的《福尔摩斯探案集》，从看故事的人变身为讲故事的人。四周安静下来，只有她低沉的声音传来："很久以前，有个人去包子铺买包子，他买了八个包子，排成一个圈放进自己的餐盒中。

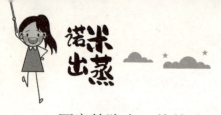

回家的路上，他总感觉身后有'刷刷'的脚步声，回头又看不到人。于是他想吃一个包子压压惊，当他打开餐盒，突然发现……"

诺米讲到关键地方，突然停了下来。这可不得了，四周全是眼巴巴等着的同学。不少人催促起来："诺米，快点讲，发现什么了？"

诺米倒不慌不忙，清清嗓子："哎呀，说得我口干舌燥。"渴了？好说好说，周周殷勤地将水杯递上。

满足的诺米继续开讲："他突然发现只剩了七个包子。这个人就想着可能是自己记错了。于是他合上盖子，继续往前走。走着走着还是感觉有脚步声，又停下来，打开餐盒发现又少了两个包子！他开始怀疑有人跟在他身后，偷吃了包子。于是他就使劲儿跑啊跑，终于跑到一个转角处，他又一次打开餐盒，竟然发现所有包子都不见了！你们猜，这是怎么回事？"

笑嘻嘻和唐果果此刻都捂上了耳朵。忽然听得身后传来一个幽幽的声音："肯定是有人吃了他的包子，对不对？"

"啊！"笑嘻嘻、唐果果、王卜卜这些挤在一起的女生个个尖叫起来。诺米一听这声音，内心大叫一声："不好！"

"哎，尖叫什么？"说这句话的人可比这个故事吓人多了，因为——车尔摩斯驾到！

诺米瞪着刚才还自告奋勇答应一定好好"放风"的李大侃。此刻的李大侃，张着大嘴巴，看着不知什么时候进来的车尔摩斯，满脑子在想：难道车尔摩斯是从窗户飘进来的？

车尔摩斯仿佛一眼看穿了李大侃的心思，没好气地说："我不是飘进来的！当然，我从哪里来的，你们就不需要知道了！"

故事的后续就是诺米、笑嘻嘻、周周、唐果果、李

大侃等，凡是参与的同学，每人罚写生字三篇。而车尔摩斯是如何进来的，这件事也被不甘心的李大侃摸了个透——后门，这个诺米他们一直忽略的"战略要地"。

二、首战告捷

有了上次被车尔摩斯偷袭的悲惨经历，以最憎恶写生字的诺米为代表，几个人迅速行动起来，组成了"反后小队"，商量"后门危机"的应对之策。李大侃还把座位紧靠后门的张小山也拉进这个小队，因为他是最重要的负责发出警报的第一站。

期盼已久的自习课又到了，这是检验"反后小队"成果的一次机会。依照老规矩，全班迅速进入"放飞自我"模式：有人低声交谈，有人发射纸飞机；有人拿出卡纸、橡皮泥，开始体验手工制作的乐趣；还有人索性180度旋转，和后桌手舞足蹈地讨论着最新的综艺节目。"反后小队"当然也热情地参与其中，不过他们的耳朵可是时刻支棱着。现在是万事俱备，只欠车尔摩斯了。

"咳，咳咳！"一声重、两声轻的咳嗽声传来，在喧闹的教室里没有激起一丝水花。"反后小队"却迅速进入战时状态，李大侃顾不上他的小道消息，唐果果顾不上

　　她的头花，周周顾不上愤怒，王小帅也顾不上耍酷，一
个个赶紧正襟危坐，同时迅速低声发出红色警报："猎人
来了，猎人来了！"就这样，一传十，十传百，暗语迅速
传遍整个教室。

　　"吱呀"一声门响，车尔摩斯如约而至。看着专心致
志地做自己事情的同学们，她满意地挥一挥衣袖，不带
走一片云彩。

　　Yeah！首战告捷！

三、姜还是老的辣

几次胜利后，"反后小队"士气大振，大有"敌进我乖，我退我飞"的架势。这一天，刚接到"猎人已撤离"的信息，意外却突然降临。

"诺米、笑嘻嘻、李大侃、王小帅，你们几个给我出来！"车尔摩斯愤怒的声音刺透了每个人的耳膜。"这……这是怎么回事？张小山的放哨卡壳了？'反后小队'的策略失效了？"此刻，诺米的脑袋里有一堆问号。

"别想了，没听说过吗？姜还是老的辣！想跟我斗，

再长几年吧你们！"车尔摩斯不怒反笑。"嘿嘿，后果么，每人加罚三篇生字！"

诺米哀嚎不止。

后来，诺米几个拉着张小山要解释。委屈的张小山可怜巴巴地说："我明明听到车尔摩斯走远的脚步，谁知道她又悄悄杀了个回马枪。"

至此，"反后小队"更加严格地要求自身，努力做到技艺精湛，尽快研究出应对"回马枪"的方法。可惜的是——此题无解！

对了，你还记得诺米讲的故事吗？为什么那个人的包子都不见了？因为——他的包子都粘在餐盒盖子上啦！哈哈，是不是很有趣！

快乐自习课

  自从 10 分钟前车尔摩斯宣布今天的趣味语文课改为快乐自习课，诺米的嘴巴就没有合上过。为啥？当然是乐得合不拢嘴呗！

  唐果果看诺米如此放飞，提醒她小心车尔摩斯秋后算账。诺米冲唐果果龇牙咧嘴："管什么秋后算账，'老虎'不在家，你能克制自己放飞自我的心情？"回应诺米的是一心埋头和故宫神兽打交道的唐果果。看看，就说嘛，"老虎"不在家还想要我们自觉？难！

  此刻的教室，在诺米看来就是一个马戏团，叽叽喳喳，热闹非凡。不过，这并不妨碍她沉浸在自己的福尔摩斯世界。一件件悬而未决的疑案，在自己的见证下一步步揭开谜团，这是多么幸福的一件事！

  "啊！"一声尖叫突破天际，差点就要把屋顶掀翻了。原来是王小帅把橡皮泥悄悄粘在唐果果后背，感觉到有

异物的唐果果伸手一抓，抓到一坨软绵绵的东西，一把扔得远远的，正巧扔在李大侃课桌上。李大侃倒是喜欢橡皮泥，拿着它到处扔着玩儿。这下子真捅了马蜂窝，整个教室的喊声此起彼伏，热火朝天。

在这热闹中，自有超凡脱俗的"神人"。一向稳重的周周，丝毫不受周围喧嚣的影响，脚蹬课桌，枕包而眠，时而假装发出几声呼噜，怡然自得，俨然一位悠闲地摇着蒲扇的大爷。

"袁圈，借我张作文纸。你看这个作文开头这么写好不好？"

"袁圈，借我支钢笔。咋感觉你的笔比我的好用呢？"

"袁圈，借我张图画纸，我要画个孙悟空。"

一向以乐于助人出名的袁圈，此刻也被耳边的声音

折磨得不轻，看得一旁的诺米嘿嘿直笑。亲爱的同学们，你们想和袁圈聊会儿天，能否换个理由啊，咱这写作文时天马行空的想象力都跑哪儿去了呢？除了借纸、借笔，不然咱借本故事书？

诺米一边"帮着"福尔摩斯探案，一边吐槽小伙伴毫无创新的搭话借口。真是两耳听着窗外事，三心读着探案集啊。

好像感知到诺米的三心二意一样，笑嘻嘻把头凑过来："诺米，我刚听到一个小道消息，你想不想知道？"

呦呵，有"八卦"？这下诺米也顾不上探案不探案了，"来来，快说快说！"诺米合上书便把脑袋凑到了笑嘻嘻前面，然后就只看到两只小脑袋一颠一颠地，不用说，肯定是在偷笑呗。

好不容易说完悄悄话的诺米，看着越来越放飞的小伙伴，准备上台请纪律部长坐镇。不上不知道，一上吓一跳！站在讲台上再看教室，另有一番感受。

这边一群人讨论着"我来自北京周口店"，那边一帮人争辩到底有多少个国家登上过月球，百家争鸣，百花齐放；这边在说放学后吃点儿什么美食，那边就有人拿出偷偷摸摸藏起来的小零食分享给好友，酸甜咸辣，满汉全席；这边有人改装着各种文具以发射"炮弹"，那边

就有人掏出造型丰富的橡皮泥……眼花缭乱，花样百出。

看清台下的一切后，诺米心中忐忑了——这场面纪律部长还能搞定吗？没准儿车尔摩斯会拽上自己这个负责人一起批，呜呜……

突然，诺米一转头，咦，这边怎么这么安静？原来大家都在奋笔疾书啊！有的写，有的画；有的回忆着上节课的内容，温故而知新；有的预习着下节课的知识，凡事预则立……在窃窃私语中，诺米感觉依旧能听到他们书写的"下笔春蚕食叶声"。这是一幅多么美好和谐、救诺米于水火的场面啊。

诺米喜笑颜开，她终于想到了不怕车尔摩斯秋后算账的办法了——一会儿自己把这个画面好好描绘下来，等车尔摩斯问起自习课情况的时候，就将这幅大作献上，保证车尔摩斯得意地说："看，我们班的'神兽'们多么勤奋乖巧！"说不定趁着在兴头上，还能小小奖励大家一下呢！

就这么说定了，小伙伴们，你们继续飞，我要画张画，给车尔摩斯交差！

"老虎"不在家

一、号外号外

"嘿，诺米，听说了吗？天大的好消息，车尔摩斯要出差啦！"刚到学校，笑嘻嘻就兴奋地跑到诺米耳边叽叽喳喳。

要是在平时，得知这么大个好消息，诺米早就欢呼雀跃了。不过，这次诺米更好奇消息是如何泄露出去的，因为她已经提前两天猜到了。

上周四，车尔摩斯莫名其妙地多上了两节语文课。周五，原本的数学课又调成了语文。诺米聪明的小脑袋一想，便猜出车尔摩斯要出差了，这是提前给同学们赶进度呢。多了三节课，意味着车尔摩斯要出差三天哪！当天晚上，诺米兴奋地辗转反侧，难以入眠。

周一早晨，车尔摩斯匆匆亮相后再无踪影。诺米四

处搜寻，果真没有发现那熟悉的面庞，看来车尔摩斯出差已经是板上钉钉的事了。只是，还没等诺米将这份喜悦捂热乎，"车尔摩斯出差三天"的特大号外已如同捷报般迅速传遍全班。这下好了，独乐乐不如众乐乐，大家一起乐才最欢乐。

看着兴奋的笑嘻嘻，诺米觉得可以给她加一把火："不是要出差，是已经出差了，我们现在就可以放飞啦！"

身后不知道什么时候围上来的一群人，听到诺米如此肯定，顿时作鸟兽散，个个原形毕露，风一样跑得一干二净。

二、第一天：爽

周一，晴，"老虎"不在家的第一天。

今天第二节是语文公开课，平时懒得举手回答问题的诺米罕见地次次把手举高高，老师惊讶于诺米的积极主动，只有诺米知道，她是不想车尔摩斯回来将她当"靶子"、树典型。

不过下一节美术课，诺米又变回了平日懒洋洋的模样。

今天美术课的主题是进行蛋壳创作。老师让大家自由分组，笑嘻嘻，周周、王小帅和唐果果紧紧围坐在诺

米周围。大家你看看我，我看看蛋壳，不知道如何下手。

一向沉稳的周周说："在蛋壳上画一个橙子吧，简单美观。"没人响应，方案一卒。

笑嘻嘻接着说："我见过那种非常漂亮的蛋雕，谁会做这个？"没人响应，方案二卒。

脑子灵活的王小帅看了一眼趴在桌子上的诺米，拍了一下桌子："你们看诺米现在像个什么？"

大家听完齐刷刷向诺米看去——只见她胳膊放在桌子上，脸蛋放在胳膊上，半闭着眼，歪着脑袋，把本来就圆乎乎的脸蛋挤压得更圆了，活像一只吃饱喝足晒太阳的小懒猪。

"你们说我们就按照诺米的形象设计一个小懒猪的工

艺品咋样？"王小帅揶揄道。众人响应，方案三通过，诺米"卒"。

不过，真干起活儿来，诺米也算个中翘楚，从小懒猪的造型到配色，从动作到神态，做出来的成品无处不体现着大家对未来三天惬意生活的向往。

总之，没有车尔摩斯在的第一天，大家都拥有了自己想要的自由，一个字：爽！

三、第二天：更爽

周二，多云，"老虎"不在家的第二天。

今天早读，诺米班上来了一位"新"老师。说是新老师，其实也不算，毕竟这位老师还是班级的副班主任，只不过平时神龙见首不见尾。

因为有"神龙"老师坐镇，大家早读时一派欣欣向荣，连昨天打瞌睡的李大侃也来来回回背诵着"独在异乡为异客，每逢佳节倍思亲"。不过，好像有什么其他声音混进来了。"首先要把一切不可能的事实都排除，那其余的，不管多么离奇，多么难以置信，也必然是无可辩驳的事实。"——这是哪位大神在早读课上读福尔摩斯探案呢？

瞧，那位嘴型明显不对的同学，对，就是诺米同学，语文课本中夹着厚厚的福尔摩斯，在"神龙"老师眼皮底下还如此操作，看来真是"车尔摩斯不在家，福尔摩斯来称霸"啊。

"不许说话，注意课堂纪律！"安静的自习课上，"神龙"老师一声吼。唉，不就是诺米和前面的笑嘻嘻说了句悄悄话嘛，这都能被听到！

车尔摩斯不在的第二天，同学们继续愉悦地放飞自我。那心情，真是没有最爽，只有更爽！

四、第三天：吓

周三，雨，"老虎"不在家的第三天。

"你们自己先说，这些天表现怎么样？"

"数学老师找我，英语老师找我，科学老师也找我，副班主任还找我，你们一个个浮躁得不轻啊，管不了你们了是吧？"

"家庭作业，如果在学校里抓紧时间，能完成三分之二。为什么还有那么晚完成作业的？怎么都不说话？"

"自我管理，自我管理，你们管理好自己了吗？"

刚出差回来的车尔摩斯站在讲台上，又开始了她的

"河东狮吼"，熟悉的配方，一样的味道。

"诺米，你应该以身作则，把你作业、作文拿来我检查。"一只白白胖胖的手伸到了诺米面前。

"救命啊，车尔摩斯，我的作业还没完成啊……"

"诺米，诺米，别睡了，看你的哈喇子都流满了。"咦，这充满嘲笑的声音咋这么像李大侃呢？不是车尔摩斯来检查作业吗？

诺米迷迷糊糊地望着桌面上被小胖脸挤压得皱皱巴巴的作业本，还有几滴透明的口水在上面，原来是一场梦啊，真是虚惊一场！

不对，好像有什么地方不对？看着浸满口水的作业本，诺米猛然清醒。这可是"老虎"出差前留的作业，要是被她发现自己写作业时睡觉，估计会被安上一大堆的罪状：偷懒、磨蹭、睡觉太晚……

唉，梦里梦外都是这么吓人，诺米摸着"咚咚"跳的小心脏，心里为自己默默"点"上一根蜡烛。

旁边笑嘻嘻看看诺米的表情，再看看桌上湿漉漉的作业本，立马明白了是怎么回事。笑嘻嘻深情地说道："不用担心，诺米！有你做对比，车尔摩斯就会感觉到我们的乖巧可爱。车尔摩斯一开心，说不定就只罚你两篇生字，小意思啦！"说完，还不忘向诺米眨眨眼睛，气得

诺米直翻白眼：这位朋友，绝交！

五、第四天：归

周四，雨过天晴，"老虎"不在家的第四天。

在大家盼与不盼的纠结中，车尔摩斯如约归来！诺米一边怀念车尔摩斯不在的那些日子，一边热烈地拥抱着几日不见的车尔摩斯，心里默念："老虎"不在家的日子，有那么点放飞自我，有那么点肆无忌惮，也有那么点无聊。想想还是有"老虎"的日子最幸福，如果没有"老虎"追，兔子们哪能跑那么快啊！

想到这里，诺米觉得可以赋诗一首，送给"老虎"和大家，希望"老虎"看到后能把惩罚的生字免掉啊！

老虎一天不在家，全班同学笑哈哈。

老虎两天不在家，心里悄悄把她挂。

老虎三天不在家，午休梦回把我吓。

老虎四天回到家，兔子热情献上花。

热烈欢迎情真切，嘘寒问暖超体贴。

赶紧去把作业补，罚写生字最痛苦。

祈祷老虎发慈悲，诺米一定改前非。

班会首秀

一、天将降大任于斯人也

诺米觉得自己在班里的幸福生活马上就要结束了。因为车尔摩斯今天交给她一项艰巨无比的任务——召开班级第一次班会，教同学们学习如何做好时间管理。

诺米觉得车尔摩斯绝对是故意要看她笑话，要知道在时间管理上，诺米是能拖延一分钟绝对不拖延59秒。如果让她给大家分享一下把作业在车尔摩斯的眼皮底下拖延到最后一秒的经验，诺米保证能说上三天三夜，各种对策，上天入地，无所不能。可如果真把这些好不容易得来的经验传授给同学们，诺米觉得车尔摩斯会恨不得把她给一脚踢墙上，抠都抠不下来的那种。

"嘿，诺米，你愁什么呢？"笑嘻嘻从后面冲过来，拍着诺米肩膀问。

　　见自己最好的朋友来慰问了，诺米仰天长叹一声："天要亡我啊！你快帮我想想，怎么才能让大家管理好自己的时间？"

　　看着被折磨得快要疯掉的好友，笑嘻嘻哈哈大笑："就把你和妈妈斗智斗勇的事儿给抖搂出来不就行了，现成的反面教材，保证同学们都爱听。"

　　呵呵，好吧，他们是爱听了，丢人的是谁？还不是她诺米？！

　　诺米越来越觉得车尔摩斯肯定是发现她最近有点飘了。比方说，车尔摩斯规定晚上8点前交作业，诺米昨晚很有骨气地坚持到7点55分上交。所以，车尔摩斯肯

定是计划用这般"残酷"的手段给自己上一课。

唉，别管什么原因了，反正这任务是落在了自己头上。可是班会咋开？主题咋选？用什么方法交流？分享些什么？诺米深觉自己平时聪明的小脑袋现在完全不够用，一堆问题好像无数只苍蝇一样，在脑子中嗡嗡乱叫。真是天将降大任于斯人也，必先苦其心志，劳其筋骨……

二、外援支持，进展顺利

毫无经验的诺米，思来想去，还是决定采用最简单的演讲加板报形式完成班会。演讲不用说了，自己动手写呗。接下来就是想方设法完成黑板报了。

按照诺米的想法，拉上一帮小伙伴儿，做一份高端大气上档次的黑板报，一定能轻松搞定！

"李大侃你负责美图，王小帅负责美工，果果负责美文，黑板报就交给你们了。"诺米大手一挥，颇有指挥官的风采。

"我说诺米，你看咱教室的黑板，孤零零一块儿，我们谁都没做过，先做什么呢？"急脾气的王小帅率先发问道。

先做什么？这一问可把诺米给难住了。她只想着让大家做了，怎么做呢？诺米发现自己也是只无头苍蝇——

乱转呢。看来，有必要寻求车尔摩斯支援了。

什么？等等！方案、流程图、活动细则、进度表……
诺米听着车尔摩斯口中吐出的一串串高级又陌生的词组，
当场"石化"！好吧，听不懂不要紧，一个一个攻破。

这边，做方案、画图、制表、分组、跟踪进度……
每一项任务在车尔摩斯的指导下，渐入佳境。诺米觉得，
自己完全可以这么一路顺利地完成任务。那边，看到曙
光的诺米，小辫子都要翘到天上去了，天天嚷着王小帅、

唐果果他们加快板报制作进度。

俗话说，心急吃不了热豆腐。催得急了，难免会出问题。只是问题暂时还隐藏在暗处，没有表现出来而已。这些问题就像一个个小恶魔一样，等到关键时刻，带给诺米无限"惊喜"。

听着李大侃天天唠叨板报进展一切顺利，诺米便放心大胆地开始准备起自己的演讲稿。按照笑嘻嘻的建议，诺米还真把自己和老妈斗智斗勇的片段拿出来了。当然，再加上唐果果、李大侃、王小帅、张小山他们在时间安排上的各种糗事，诺米觉得本来颇有难度的演讲稿也能分分钟搞定。

一切照计划进行，畅通无阻。

三、劳其筋骨，饿其体肤

班会前的一个晚上，当李大侃兴冲冲地在微信上向诺米说明自己和王小帅、唐果果的劳动成果时，诺米同学连发 10 个赞，直呼要请他们吃棒棒糖。

第二天，兴致高昂的诺米同学一到教室看到所谓的布置好的黑板报，顿时一顿哀嚎。

"李大侃，为什么黑板报那么丑？那些空出来的地方

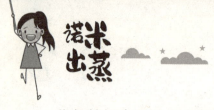

你打算把自己贴上去吗？"

"果果美女，虽然你的字很美，可是我离它两米远已经什么都看不清了。"

"王小帅同学，一块块的白纸像是给黑板打补丁，请问这样真的好看吗？"

你看，当时被催得急的问题小恶魔们终于露出了真面目。

面对一团糟的板报设计，诺米没有了以往的淡定从容。要知道这可是她的班会首秀啊，虽然是被逼上梁山，但既然上了山就要努力做个好汉不是，谁愿意上梁山做"狗熊"啊！

还能怎么办，再次向车尔摩斯求助呗！诺米风风火

火地冲进办公室，发现白色的方块画报已经在车尔摩斯的巧手下，个个穿上了漂亮的花边衣服。诺米突然很想拥抱车尔摩斯，没想到车尔摩斯在默默地出手"善后"。诺米火速拽来靠谱儿的周周和笑嘻嘻，李大侃他们三个当然也不能逃避。小得看不见的清秀钢笔字换上粗犷的毛笔字；空白地方用彩纸剪下花纹粘贴上去……一番操作下来，手酸胳膊麻，板报总算顺眼许多。至于车尔摩斯要求再完美一些，诺米表示实在是心有余而力不足了！

"咕噜咕噜"，刚欣赏完修订版板报，诺米的肚子便饿得叫了起来。车尔摩斯啊，快奖励我们棒棒糖吧！

四、曾益其所不能

在紧张和期待中，第一次班会如约而来。诺米看着台下喧闹不已的同学，突然脑子一片空白，说好的拉风出场呢？说好的惊艳众人呢？看着墙上钟表一秒一秒溜走，诺米已经完全想不起来自己还能做点什么，直到……

"都坐好，不要说话！"车尔摩斯仿佛从天而降的福星，现场瞬间安静。整顿好秩序，车尔摩斯顾不上发呆的诺米，转身在空空如也的黑板上大手一挥，"唰唰"几笔，黑板主题搞定，诺米从来没有像这一刻一样想抱住

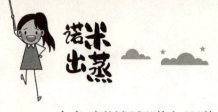

车尔摩斯狠狠蹭上几蹭。

看着还没有回神的诺米，车尔摩斯大吼一声："诺米，开始班会！"哦哦，诺米猛然清醒，知道下面该自己上场了，来吧，做一只迎接暴风雨的海燕吧！

猛冲向前的诺米早忘记了自己提前精心准备的倒计时视频，匆忙开场。也许是看在第一次的份儿上，诺米乱七八糟的第一次班会竟然在之前各种被批之后得到了车尔摩斯的夸奖，哎呀，实在是太意外！不过，更意外的还在后面。

"咳咳，诺米，会后写一篇班会总结。我要看到你在活动中学习到了什么。"车尔摩斯的话一直飘荡在诺米的耳边，久久不能散去。

无处吐槽的诺米只能任由车尔摩斯布置任务，写就写吧。

"亲爱的车尔摩斯和同学们，这次班会办得很成功，感谢李大侃，感谢王小帅，感谢唐果果，感谢周周和笑嘻嘻，感谢所有人。哦，对了，最感谢车尔摩斯，车尔摩斯满意我就满意……"诺米写完，还在最后画了一个大大的 V 型手势，看样子对自己是真满意。只是，诺米敢把这样的总结交给车尔摩斯吗？

还用问？当然不敢！交上去车尔摩斯也只会送她两

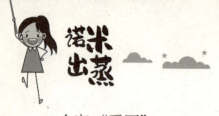

个字：“重写”。

用脚趾头都能想到后果的诺米又乖乖地拿起笔，想着从接到任务到班会结束的每个场景，越写越有想法，越觉得有很多问题需要注意：

1. 提前确认信息，防止出现遗漏和意外情况；

2. 掌握板报尺寸，运用模块化设计，大化小，难化易；

3. 进度表要及时跟踪，完成一项则核验一项；

…………

罗列了满满一页纸的注意事项，诺米最后提笔写道："古人诚不欺我也，'故天将降大任于斯人也，必先苦其心志，劳其筋骨，饿其体肤，空乏其身，行拂乱其所为，所以动心忍性，曾益其所不能'。"

这份总结诺米很满意，相信车尔摩斯也会很满意的。因为，"人恒过，然后能改"，善莫大焉！

农场初体验

一、抵达

车尔摩斯宣布周五去农场之后，诺米觉得这周的时间过得太慢了。掰掰手指头，一天、两天、三天……再掰掰手指头，一天、两天……在诺米将自己手指头掰弯之前，终于盼到了班级活动的日子。

顾不上车尔摩斯"排队上车，注意安全"一长串的嘱咐，诺米左手挽着笑嘻嘻，右手拉着唐果果，迫不及待地向大巴奔去。就这样一路叽叽喳喳，互相交换着从背包里翻出的各种小玩具，兴致勃勃地欣赏着窗外桃红柳绿的一派大好春光。

车速逐渐减慢，诺米猜想农场一定近在眼前了。果然，车很快停稳。诺米紧跟着同学一蹦三跳地下了车，向四下望去，别有一番风情的农场美景随即映入眼帘：湛蓝

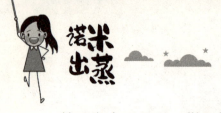

的天空白云朵朵，微风拂过垂柳，发出"沙沙"的轻响。阳光洒在波光粼粼的水面上，泛着点点银光，一切是那么宁静又美好。此情此景，诺米不由地想起那首咏柳名篇："碧玉妆成一树高，万条垂下绿丝绦。"她一边吟诵，一边故意地摇头晃脑，惹来一片笑声。

这是一个看什么都稀奇的队伍，这边的茅草屋，那边的收割机，还有墙角一溜儿的稀奇古怪的农具，一时间整个场地熙熙攘攘，活脱脱像个菜市场。直到忍无可忍、无须再忍的车尔摩斯传来一声狮吼："五六七八，闭上嘴巴！"一声令下，乱糟糟的场面霎时安静下来，只有树梢的麻雀"啾啾"地叫个不停，看来麻雀是不怕车尔摩斯的，可是诺米他们怕啊，所以他们决定暂时按捺自己放飞的心情，老实为妙。

二、组装

在车尔摩斯的带领下，一行人开始了农场活动的第一步——制作橡筋动力飞机。

虽说诺米经常坐飞机，却是第一次"做"飞机，尽管是最简易的橡筋动力模型，已经足够引起"好奇宝宝"们的兴趣，个个儿摩拳擦掌，跃跃欲试。

指导老师先给大家讲解了飞机模型的结构。诺米发现自己竟然比任何一次课听得都认真。她看着拿到手的模型零件，顾不上研究，便迫不及待地开始制作。

"刺啦"，先将放零件的袋子拆开，却不知道是诺米运气不好还是太过激动，一不小心就用力过度，数不清的配件全掉到了桌子上。

淡定淡定，莫急莫急。诺米一边安慰自己，一边将散落的零件归拢在一起，正在发愁怎么做的时候，旁边的周周拿着一张纸朝她努努嘴。心急吃不了热豆腐的诺米这才看到掉落在地上的说明书，赶忙捡起来，对照着说明书，先把零散的部件一一摆开，然后对照步骤进行安装。

别看只是一个小小的飞机模型，注意事项可真不少。"这里缺个卡槽，机翼应该装在这里……"诺米一边小声嘟囔着，一边加快手上的动作。看着各种零件在自己的小手中拼插组合、初见雏形，诺米不由得有点膨胀。就差打磨机身了，这也是最关键的一步。诺米拿起砂纸，卖力地打磨着，眼看成功唾手可得，只听得"啪"的一声，机身断了。

拿着快要完成的飞机模型，诺米快要哭出来了。现在她深深地怀疑自己和这个飞机模型是不是"八字不合"，

要不然怎么会这样坎坷呢?

"嘿,诺米,快看我的飞机!漂亮吧?哟,你的飞机怎么断了?"袁圈一声惊呼瞬间吸引了大家的注意,都不由自主地看向诺米手中的半个飞机模型。诺米再次无语地向袁圈耸耸肩:"有点用力过猛,断了。"

"哎呀,小伙伴们的飞机都要做完了,马上就开始试飞了,你拿啥试飞啊?"袁圈一边焦急地说,一边端详着诺米手中的两截飞机,"这看起来不能用了,得重新打磨一个机身。你等着,我去帮你要一个。"不等诺米说话,他便发挥自己的飞毛腿优势,快速跑远了。

"诺米,不要担心,一会儿我们一块儿帮你做,分分钟就搞定了。"笑嘻嘻安慰她。唐果果和周周也点着头,

表示认可。

很快，诺米就看到袁圈迎面跑来，一边喊着"拿来了，拿来了"，一边挥舞着机身。诺米提心吊胆地看着袁圈的手，真担心机身悲剧再次上演。

看着围上来的周周、唐果果和笑嘻嘻，袁圈飞快地安排着任务："诺米你来打磨，笑嘻嘻你把所有的零件归类好；唐果果一会儿和周周安装机翼。"说完，每个人便都紧张地投入安装飞机的工作中。诺米汲取之前的经验，左手拖着机身，右手轻柔地、一点点地用砂纸摩擦，小心翼翼地打磨着机身，完全忘记了没有力度是打磨不出来的，没有速度是跟不上节奏的。来回巡场的车尔摩斯恰好看到了诺米的"惨状"，一把拿过来机身，"蹭蹭蹭"几下，在诺米一脸胆战心惊中，三下五除二地完成了机身打磨，又在大家崇拜的目光中，把机身递回给诺米。随后，五个人十只手，很快，一架精致的飞机诞生了。诺米爱不释手地看着交到自己手中的酷酷的飞机，享受着大家同心协力的成果。

三、试飞

诺米欣赏着飞机，正在畅想飞行效果时，指导老师

组织大家开始试飞。终于轮到诺米这一列出战，随着指导老师一声令下，十几个小飞机模型齐刷刷地脱手而出——袁圈的飞机像一只轻巧的小燕子，边飞边默默地观察着奇妙的世界；笑嘻嘻的飞机如同一只正在滑翔的翠鸟，平缓地在房间上空盘旋后，轻轻地落到地面上；周周的飞机也是平稳地在半空飞翔一大段距离后才停下来，还拐了个弯；还有两个飞机模型放飞后，立刻像砸在牛顿头上的那颗苹果一下，"扑通"落了地。不用说，这两个飞机模型一个是唐果果的，一个是诺米的。

看着飞出不到半米远的飞机，诺米刚才还豪情万丈的心瞬时像掉进了冰窟窿。她和唐果果连忙捡起面前的飞机，各自研究着到底是哪里出了问题。

"找到了！"旁边的唐果果激动地喊起来，原来是她发现自己的飞机机翼没有固定好，这才造成了起飞失败。果然，等唐果果固定好机翼后，完美起飞。

诺米仔细端详着手中的飞机，这里摸摸，那里晃晃，可是哪里都没有发现问题。这是怎么回事呢？

袁圈他们试飞了几次后发现诺米还没有找到原因，又都围了上来，七嘴八舌地猜测着可能造成失败的原因。

车尔摩斯听他们说着说着，再说都能说到地球引力的原因上去，连忙上前引导："你们想想平时的飞机起

飞时是什么样子？它是直接飞起来的还是过一段才飞起来？"听到车尔摩斯这么说，诺米猛然想起自己之前在百科书上看到的一个知识——飞机机翼并不平展，而是向上凸起一些，飞机水平前进时，迎面而来的气流会在机翼上产生向上的升力。所以就像飞机在起飞前需要在机场跑道上行进一段距离才升空一样，诺米连忙拿着飞机向前跑了几步，然后猛地将手中的飞机投掷出去！

哇！终于成功升空！诺米抬头望着翱翔的飞机，兴奋不已，在心里为车尔摩斯点了一万个赞！

四、告别

放飞了一上午，眼看着小伙伴们个个精神不济，不断喊着"好饿好饿"，车尔摩斯火速带领这帮小伙伴向食堂进军。

生态农场的午饭当然绿色又健康。刚走进食堂，一股饭菜的香味扑鼻而来，大家洗过手便迫不及待地大快朵颐，一个个吃得津津有味，心满意足。

饭后，车尔摩斯趁着遛弯儿的时机，带领着大部队去"欣赏"了各种牛羊马驴，诺米闻着掺杂着各种"奥利给"的"香"味，喷嚏连连，忙不迭地往角落里躲去。

忽然发现角落里藏着一只白白胖胖又"萌萌哒"的胖兔子，对小毛驴不感兴趣的诺米瞬间来了兴致，黑眼睛红眼睛，你瞅瞅我我瞅瞅你，诺米突然有种兔子是知音的感觉。

听完上知天文、下知地理的车尔摩斯对各种动物滔滔不绝的介绍之后，大家转战陶泥教室。热情高涨的各路小伙伴进入陶泥教室，仿若花猫们看到鱼，欢喜地投入热火朝天的陶泥制作中，诺米倒是一下子还没适应硬邦邦的陶泥。同学们在陶泥老师的指导下，认真学习着中国传统手艺，用自己无限的想象力，捏出各种极富创意的造型，完成了一件件带着陶土清香、独一无二的作品。而诺米手中那团历经磨难的陶泥，终于也变成了一条尾

巴上卷着大苹果的小鱼。

美好的时光总是过得飞快，在车尔摩斯的再三呼唤中，大家依依不舍地和农场告别。

回程的大巴车上，没有了来时的兴奋与热闹，因为大家已经累得不想再说一句话。耳朵一天不得清闲的"放牧人"车尔摩斯此刻也终于有时间闭目养神，而窗边的诺米欣赏着自己的小鱼大作，露出了满足的笑容！

趣事万花筒·上篇

一、午自习的甜蜜约定

返校拿完成绩，刚出校门，诺米就得意地向等待自己的诺米妈展示手中的冰激凌，并正色道："这个冰激凌您可没收不了，这是和老师签订协议获得的，具有法律效力。"说完还不忘惬意地舔上一口，换来诺米妈一顿白眼。

吃着手中甜蜜蜜的冰激凌，诺米的思绪又飞回到那日英语王暖暖老师带给同学们的大惊喜。

午自习快开始了，同学们满头大汗地跑回教室。暖暖老师左边叮嘱着快擦汗，右边嘱咐着多喝水。这时，有人小声嘀咕："太热了，有个冰激凌吃就好了！"这引起了大家的一阵附和。

"想吃冰激凌容易，期末考试得 A$^+$，我请你们吃冰

激凌，一人一个。"听暖暖老师这么说，同学们哪有不答应的道理，一个个拍着胸脯，保证好好听讲，认真复习。因为担心暖暖老师变卦，大家你拥我挤地抢着跟暖暖老师签订协议。

经过双方一致协商，协议生效。诺米深深觉得这次期末考试，班级英语成绩肯定在级部名列前茅，谁能抵挡得了冰激凌的诱惑啊！

这不，原先班里不爱学英语的同学为了获得暖暖老师的冰激凌，一个个铆足了劲儿，漫画书也不看了，小玩意儿也不玩了，就连日常对话也时不时飙上几句英语。

终于到了拿成绩的这天，老天爷似乎也感受到大家的热情，晴空万里，烈日当头，诺米觉得这真是个适合吃冰激凌的好日子啊。

不出意料，看着自己英语试卷上的 A^+，再看看旁边同样笑开花的笑嘻嘻和周周，诺米咧嘴一笑，暖暖老师的冰激凌跑不了了！

望着车窗外的车水马龙，吃着透心凉的冰激凌，诺米一路心飞扬：下次考试要不要忽悠车尔摩斯也来一场甜蜜约定？

二、拉垮的大合唱

音乐课有一项极度考验团队协作的项目——大合唱。45 位"活宝"在指挥的带领下，但凡哪次能唱得稍微整齐一点，都让音乐老师高兴地鼓掌夸奖。

要说为啥每次都这么不整齐，诺米觉得这个"锅"十次有八次需要让王小帅背。虽说王小帅活泼帅气爱耍酷，但唱歌上实在没有天赋。还记得在班级活动中，一曲《你笑起来真好看》唱得是荡气回肠，如果没有报幕，大家都还以为唱的是《好汉歌》呢！

随着前奏音乐结束，老师大喊一声："预备——唱！"王小帅终于将自己积攒的饱满感情释放出来，闭目高歌，声音洪亮，完全陶醉在艺术中。

"……童趣在夏天，是一条小河湾……"诺米渐渐感觉自己唱得怎么合不上拍子了？是老师拍子打错了？不不，肯定不会。那就是自己唱跑调了？也不至于吧，虽说自己不能说是天籁之音，怎么也能说是宛转悠扬，今天这完全的不着调是什么情况？

诺米机智地选择闭上嘴巴，仔细一听，哎呀，整个合唱团都走调了！再一听，这声音最响最亮、唱得最卖力最投入的不正是王小帅这位大嗓门吗？这就不稀奇了，

这么大嗓门不把其他人带偏才奇怪呢。

音乐老师一脸纠结，实在没有办法打节拍，不得不安排暂停："王小帅，声音小点儿，那么大声，把其他人全带沟里了！"老师的一句话，引得大家哄堂大笑。王小帅不好意思地挠挠头，连忙保证会小声些，不影响大家。

只是，三分钟后又找不到原调的大合唱再次被喊停，看来要想把这拉垮的合唱给唱得既整齐又合拍，难！

三、远度不够，高度来凑

"诺米，我告诉你，你跳的时候往前这么一摔，就能多出来十好几厘米呢，肯定能得 A。"

"得了吧，别再扑个狗啃屎，吃一嘴沙子。"

"那不然你假装崴了脚，逃过这一劫？"

"不好不好，别假戏真做，真把脚崴了，得不偿失。"

听出来了吧，这是体育上的跳远测试，不擅长跳远的诺米正拉着自己的好朋友出主意呢，只是出的这些点子都不怎么样。

"下一个，诺米准备！"大力老师一声吼，脑袋挤在一块儿的几人连忙跑到一边，笑嘻嘻还冲着诺米做了个加油的手势。唉，这是加加油就能干的事儿吗？

眼看着前面那位小伙伴轻松一跃就远远超过了达标线，诺米深吸一口气，嘴一咧，对大力老师说："大力老师，我可跳不了那么远，您一会儿千万别失望啊！"好嘛，还没跳，先给老师打上"预防针"了。

大力老师假装没有听见诺米的话，直接挥挥手。诺米站在起跳线前，内心依旧在挣扎。大力老师看诺米曲着腿，想跳又不跳，直接开吼："三、二、一，跳！"听到口令，诺米条件反射般地一跃而起。"嘭"一声落地，不等诺米看一下自己跳了多远，就听到旁边李大侃一边哈哈大笑，一边问："诺米，你这是跳远还是跳高啊？"

啥？诺米赶忙回头看一下自己的距离。我的天，就算知道自己跳远不怎么样，也不带这么夸张的！诺米冲

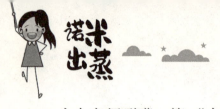

大力老师咧嘴一笑："大力老师，我这是跳远不够，高度来凑。我应该算跳远的同学中跳得最高的吧……"

趣事万花筒·下篇

一、不情愿的午休

吃过饭，遛过弯儿，在车尔摩斯的注视下，大家不得不回到教室午休。

说起午休，在一年级的时候，大家无比热爱——上了一上午课，能美美睡上一觉谁不喜欢呢？不过，进入二年级后，大家都觉得自己不再是小宝宝了，午休就变成了一件不情不愿的任务。

如果不是有车尔摩斯的强大威压，诺米觉得午休时间实在是放飞自我的大好时机。然而，无可奈何的诺米和小伙伴们只能面临两个选项：睡觉或者做题。好吧，不出意料，没有一人选择做题，因为睡觉并不妨碍做"地下工作"。

好不容易等到车尔摩斯睡熟了，蠢蠢欲动的"神兽"

们纷纷开始了"地下工作"。看那边，笑嘻嘻的纸飞机玩得不亦乐乎，突然"哎呀"一声，原来是橡皮泥脱手而出，直奔同桌周周的面门而去；瞧这里，李大侃和黄小瓜又凑在了一起，谁和谁闹别扭来，谁和谁又和好啦，这两位总有说不完的趣事；那边有人在举着语文课本，练习最近班里流行的转书技能；这边就有人拿着电话手表"咔咔"地偷偷拍照……

当年的午休管理者，诺米，深知小伙伴们的痛苦，因为对于不能光明正大地玩耍，她也很痛苦。不过，为了不辜负车尔摩斯的信任，诺米还是决定管上一管，万一有人听呢？

"李大侃，黄小瓜，你们小声点儿，不怕把车尔摩斯吵起来啊！"

"笑嘻嘻，把你的纸飞机放低一些，再低一点，还是能看出来！"

"谁在用电话手表拍照？怎么不关静音？这么没经验！"

……

经过诺米的努力，现场总算安静了"一丢丢"。站在讲台上的诺米一回头，突然发现熟睡的车尔摩斯此刻正冲她眨着眼睛，还悄悄地伸出大拇指为诺米点赞。这下诺米真是哭笑不得，原来车尔摩斯一切尽在掌握啊！看

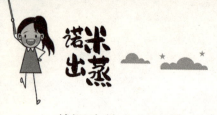

着调皮的车尔摩斯，诺米飞速地抬起自己的胳膊，用电话手表对准车尔摩斯，"咔嚓"一声，完成！

欣赏着自己的大作，诺米乐不可支，不知道这张偷拍的照片能不能跟车尔摩斯换两天不练字。

二、一个字也不多写

要说班里哪位老师最严厉，除了车尔摩斯就属数学老师倪老师了。这不，刚考完试，诺米和李大侃就被倪老师盯上了。

第一次考试后。

"李大侃！我问你，这道题问：一共有多少只小鸡？你是怎么答的？"

"答：1200。"

"回答完了？"

"回答完了。"李大侃对答如流。

"后面的量词被你吃了？"倪老师怒极反笑。

倪老师的话引来哄堂大笑，诺米也笑得欢。谁料想，倪老师扭过头盯着诺米："还有你，量词也被吃了？"呃……好吧，诺米觉得自己还是不要太过得意忘形，做忏悔状比较好。

"以后再有这种问题,量词一定要带上,记住了吗?尤其是你俩。"说完倪老师还不忘指指李大侃和诺米。

第二次考试后。

"诺米!这道题问:一共有多少棵小树?你是怎么答的?"

"答:120棵。"

"回答完了?"

"回答完了,这次我加上量词了!"诺米恨不能把卷子给倪老师展示展示。

"棵后面的'小树'被你吃了?"倪老师又一次发难。

"上次您只说让带上量词,没说后面的名词也要啊。"好嘛,还不等诺米开口,李大侃就憨头憨脑地顶上来,不用说,他也是没名词的成员之一。

倪老师瞪了一眼李大侃，也不理他，自顾自地说："再回答这种问题，量词要写，后面的名词也要写。就写——'答：一共有 120 棵小树。'除了数字，要保证其他字数不少于五个字，听明白了吗？"

"听明白了！"小伙伴们倒配合默契，只是李大侃和诺米还在掰着手指头数数呢：五个字，"答"一个，"冒号"一个，量词一个，名词两个。完美！

于是，第三次考试就有了两份这样的答案——"答：9 只鸭子。"除了数字，正好五个字，一个都不多写，数学学得真棒！

三、分析试卷

熬过了艰难的知识闯关，诺米从小道消息听说老师们批卷批到怀疑人生，急脾气的车尔摩斯更是大把大把地掉头发。当她把这个消息透露给笑嘻嘻、李大侃等小伙伴的时候，大家一致决定要抓紧时间想对策。

根据诺米和小伙伴的总结，可能是车尔摩斯想保持一周的好心情，她周一从来不生气，即使被手下这帮"神兽"们折磨得身心俱疲也会强忍着，顶多多留点儿作业惩罚一下。

　　面对这样的分析结果，诺米觉得如果能赶上周一发试卷，可能结果不会太糟糕，要知道车尔摩斯发起威来，诺米觉得别说自家教室的天花板了，地球都能抖三抖，可怕，实在可怕。

　　可惜，天不遂人愿。还没熬到周一，就到了发卷子的日子。看着车尔摩斯拿着一摞试卷时阴沉的脸色，同学们瞬间拉起警报，还是罕见的最高级别，一个个凝神屏气，生怕发出一丝声音点燃车尔摩斯的怒火。

　　大家做好了迎接暴风雨的准备，这时，车尔摩斯开口了："这次的知识闯关，批到一半气半死，批完之后又气活了。"知错就改可是小伙伴们的优良传统，大家一个个都低下头，等着车尔摩斯接下来的批评。可是等了半天，怎么没有一点动静？好奇的诺米偷偷抬头看向车尔摩斯，却见她环顾四周后叹了一口气，接着说："好了，我们来讲一下卷子。"

　　同学们提心吊胆地听着车尔摩斯和风细雨地给大家讲解试卷，生怕她最后再杀个回马枪，可一直到下课铃响起也没有等到。大家你看看我，我看看你，眼神中透露着不可思议：说好的红色警报呢？说好的暴风雨呢？

　　课后李大侃迫不及待地和其他人讨论原因，得出结

论：车尔摩斯最近身体不舒服，没法河东狮吼，便宜了我们。

但诺米想，哪里是不舒服了，车尔摩斯讲卷子的时候声音洪亮，这分明就是爱之深、责之切，放咱们一马嘛！

上有政策，下有对策；车老一怒，全体立正

"哼！"李大侃看着张小山，从鼻腔中发出一声"王之蔑视"，鄙视之情不言而喻。

"李大侃，你等着！"被鄙视的张小山一向说不过李大侃，只留下愤怒的一句话便落荒而逃。

诺米后知后觉地发现，新学期开始后，班内不知从什么时候起，有人偶尔会说脏话，开始时还遮遮掩掩、小心试探，车尔摩斯一个没留神，说脏话的人居然多了几个。在一向严格要求的车尔摩斯的眼皮底下，岂能发生这种没素质、不文明的事情！老虎不发威，还真被当作 Hello Kitty？于是，车尔摩斯再次班中巡查时，装备手中藏，谁有脏话冒，戒尺诉衷肠！

"李大侃，过来！"安静的自习课上，车尔摩斯平静的声音却让诺米仿佛看到天花板上的灯光晃了三晃。接着就看到李大侃"腾"一下从座位上站直了身体。

"左手！"妈呀，不会吧，时隔许久，车尔摩斯的戒尺终于有肉吃了？诺米闻言，双眼冒光，一心想知道李大侃是怎么招惹车尔摩斯的。

只见车尔摩斯手中的戒尺高高扬起，却轻轻地落下。"不说脏话，这是底线！"车尔摩斯丢下一句话便开始向大气不敢出的其他人传授何为文明用语。

终于熬到了下课铃响。哗啦啦，李大侃身边瞬间围了一圈人，一个个都想听听李大侃到底说了什么。只见李大侃环顾一圈，小声嘟囔了一句："你们记住了，以后说话都小心点，反正我李大侃从此不说脏话了。"

啥？原来是李大侃被车尔摩斯捉现行了？到底用什么来表示自己的愤怒和鄙视更合适呢？一大串问题乌泱泱地冲向大家的小脑袋。

"咳咳，这还不简单，看我的！"旁边的王小帅得意地说着。只见他拉开双腿，两臂一抱，白眼一翻，加上鼻腔中"哼"的一声，虽然没说脏话，但谁都能感受到他的鄙视。

懂了懂了！正所谓上有政策、下有对策！可是，待车老一怒，还是会什么策也没有用啊。想起那高高扬起的戒尺，诺米突然感觉，还是应谨记不能说脏话，不然被车尔摩斯的戒尺惦记上会是比较恐怖的一件事！

隐秘的计划

  如果问班里同学最怕谁，答案当然是车尔摩斯；如果接着问最怕车尔摩斯做什么？就算有不一样的答案，十个里面也肯定有九个半会回答：竹笋"炒肉"！是的，如果说车尔摩斯的大嗓门是魔法攻击，那她手中的戒尺就是有强大震慑力的物理攻击大法器。

  说起这把伴随着诺米和同学们从懵懂的一年级一路走到三年级的戒尺，诺米对和它的第一次见面印象深刻。那是在入学后不久，逐渐熟悉了班里的同学后，车尔摩斯在一次自习课上"无意中"亮出了这件宝贝。她轻拍着讲桌问："大家知道这是什么吗？"看到同学们茫然地摇头，车尔摩斯接着说："它是你们的新伙伴，它的任务是让你们养成良好的学习和行为习惯。喏，这是竹子做的，如果谁一再犯错、知错不改，我就可以请他吃竹笋'炒肉'了。"

记忆犹新的第一次使用，是因为班里的几位男同学罔顾车尔摩斯的千叮咛万嘱咐，午休时在围栏上爬上爬下，单腿跳、双脚跳，各种创意跳，玩得不亦乐乎，险象环生不说，被车尔摩斯抓到后，依旧狡辩不止。忍无可忍的车尔摩斯第一次举起了她的"法器"……后果嘛，就是同学们不但乖巧懂事了很多，犯错后也勇敢认错，很少狡辩着推卸责任，类似最近犯错后迁怒扫把的事例更是少之又少。

往事不堪回首。想起小伙伴们三年来看着这个"伙伴"心惊肉跳的日子，诺米下决心一定要解决这个问题。教室里，诺米喊来了一帮小伙伴。王小帅鬼点子最多，袁圈是个热心肠；张小山胆小归胆小，也是后门观察员战线的"战友"；再喊上唐果果、黄小瓜和笑嘻嘻。

没有被喊来集合的李大侃，看他们紧紧地围成个圈儿，一看就是在商量什么大事。有这等事岂能少了自己？不待招呼，他自动加入"战壕"。好不容易挤进去，就听诺米低声说："……所以呢，我们一定要想办法把这个武器给消灭掉，并且要在车尔摩斯眼皮底下不知不觉地进行。你们有什么好主意？"

李大侃一听就知道诺米打的什么主意。他可是不止一次看到诺米趁车尔摩斯不在的时候拿着那把戒尺仔

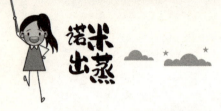

细研究。她嘴里说的"武器"肯定就是车尔摩斯的戒
尺了。这活动李大侃肯定要参加,要知道,他可能是
班里最担心"吃肉"的人了。

机灵的王小帅最先开口:"我们趁车尔摩斯不注意,
把戒尺扔掉?"还没等大家表态,他自己先摇摇头,"扔
掉早晚被人发现,最后倒霉的还是我们,不行不行。"

肯定不行了,杀敌一千、自损八百这招儿行不通。
要做就做一本万利、损人不损己的买卖,用最小的代价
来摧毁敌人。

"不能扔那就藏起来,车尔摩斯找不到不就没办法使
用了吗?"安静的张小山提议,结果还是被大家否定了,
原因就是谁都不愿意把戒尺藏在自己的书桌洞里,要知
道这样引发的后果不可想象。

这也不行,那也不好,一群人半天没商量出个像样
的对策。

"今天一定要商量出个对策来。"诺米斩钉截铁地说。
李大侃看大家都不说话,清了清嗓子:"我们想办法把戒
尺弄个痕迹,等下次车尔摩斯用的时候,一用力,戒尺
自己就折了,这样就和我们没有关系了。"嘿,这个主
意好,大侃果然是大侃!诺米心想下次再有这种事,一
定要喊上李大侃。

　　有方向就好说了，大家七嘴八舌地谋划着细节。受制于没有太多工具，大家便从手边有的物品开始搜索：橡皮、铅笔、笔袋……但凡能拿到手的工具都在计划之内。经过紧锣密鼓的筹划，终于，一个严密谨慎又振奋人心的计划出炉了。

　　某个艳阳高照的午后，诺米火速集结小伙伴，放哨的放哨，拿工具的拿工具，各司其职。而被车尔摩斯放在讲台上的戒尺，丝毫没有感受到自己命运的转折。它被放置到几块叠加的橡皮之上，如同坐上了一个简易的跷跷板。固定好戒尺，诺米和李大侃上前，一人站一边儿，用力向下压，以橡皮为支点进行杠杆运动。稍后，再将戒尺翻转过来，继续折弯。这是干吗？原来是计划的第一步，给戒尺活动一下身子骨，让它变柔软一些。

　　准备活动结束后，诺米把戒尺的大部分放到讲台上，李大侃同学反方向坐到讲台上压住戒尺，王小帅同学坐在悬空的戒尺端。来回几次，笑嘻嘻连忙贡献出自己的笔袋，用笔袋压住戒尺一端，另一端瞬间便高高翘起，成功固定！这时轮到削尖的铅笔登场，诺米拿起一根早已削好的铅笔在戒尺身上找准一个裂痕，伸进笔尖奋力地来回戳。

　　很快铅笔芯用完了，不用担心，一旁的唐果果拿着

削笔刀随时准备！铅笔尖断掉了？莫着急，笑嘻嘻马上把新的铅笔递到手里！

"这里，这里！"

"戳那边，那边薄！"

"用点力啊！"

各种声音不绝于耳。小伙伴们没有了平日的慵懒，只有十足的默契，一毫一厘地"蚕食"着竹板的纤维。水滴石穿，铁杵磨针，从来没有任何一个时刻像现在这样成为诺米无比坚定的信念。

"车尔摩斯来了，快快！"放风的张小山突然发出预警，大家慌乱地将戒尺放回原位，一个个兴奋地跑向座位。如果仔细看，还能看出每个人兴奋中带着一丢丢的忐忑

不安——不知道待会儿车尔摩斯上课时是否会发现戒尺已经惨遭"毒打"了呢?

熟悉的车尔摩斯迈着熟悉的步子走上熟悉的讲台。

"老——师——好!"

刚才还指点江山的各路英雄好汉此刻都变成了乖宝宝,诺米忍着笑,怎么听都感觉今天的问好声中带着一丝丝谄媚。

40 分钟的语文课在大家的胆战心惊中结束了,也不知该喜还是该忧,喜的是车尔摩斯这节课没有动用她的"法器",甚至连看都没看一眼;忧的也是车尔摩斯没看一眼。到底大家同心协力的法子管不管用呢,只能留待下次使用时检验了。以至于后来,当车尔摩斯手拿戒尺认真研究上面越来越大的裂痕时,看着她专注的眼神,诺米默默地趴在桌子上遮掩笑容。如果车尔摩斯问起原因,诺米会解释:冬天嘛,天干物燥,竹子开裂是很正常的现象。另外,可能连戒尺都希望车尔摩斯保持好心情啊。

终于在某一天,某位小伙伴"英勇"地为大家验证了一下成果。

"啪!""法器"断了!诺米挑眉看看李大侃,李大侃比着 V 型手势看看王小帅,王小帅笑着冲笑嘻嘻龇龇牙,

笑嘻嘻又向诺米伸出大拇指。大获全胜！

　　只是，车尔摩斯竟然平静地接受了这一突发现象，让同学们多少有点儿不适应。

　　第二天，当车尔摩斯走进教室，诺米终于知道为什么车尔摩斯昨天那么淡定了。

　　"同学们，'老朋友'不慎夭折。上次买的时候我就怕出现这种情况，所以就多买了一把备用。重新给你们介绍一下，这是你们的新伙伴，作用你们都知道了，'炒肉'的味道嘛，只会比它哥哥'香'。谁要想试就尽管来尝尝哈。"语毕，抬头一望，晕倒一片。

　　车尔摩斯内心窃喜："小样儿，跟我斗，还嫩着呢！"

一、竞选演讲

"请大家用热烈的掌声欢迎新当选的大队委员！"此刻的诺米，站在舞台中央，听着观众席上雷鸣般的掌声，激动万分。她的眼睛四处搜寻，终于找到台下车尔摩斯熟悉的笑容。

说起这次竞选，诺米还是一头雾水，都记不起来自己怎么就迷迷糊糊地上了车尔摩斯的"贼船"。不过这"贼船"上来容易下去难，等诺米反应过来的时候，全班都已经知道一向内敛的诺米要去参加学校大队委的竞选了，纷纷跑来向她求证，被"逼上梁山"的诺米只能点头称是。

要说平时在班里组织个小活动，发表一些"歪理邪说"，诺米觉得自己完全能够胜任，可真要当着全校师生的面进行竞选演讲，这不能不说是一项巨大挑战。

不管诺米有多么的不情愿，演讲的日子还是如约而至。

作为第一个上台的选手，诺米告诉自己长痛不如短痛，古人有置之死地而后生，今有诺米上台背水一战。

听到主持人介绍她上场的话语，诺米已经顾不上自己紧张不紧张了，整理好心情，默念早已背得滚瓜烂熟的演讲词，诺米从容地迈向演讲台。

敬爱的老师、亲爱的队员们：

大家好！今天，我要向大家介绍一位姑娘：她有一些激情，还有一些创意；有一些内敛，还有一些幽默。她并非尽善尽美，却始终尽职尽责。这个可爱的女孩是谁呢？她就是我——诺米。

还好还好，站在演讲台上，诺米感觉这几天的提心吊胆实在是有些丢人，再怎么内敛，咱也是组织过班会、斗嘴从不怯场的人啊！

能将自己的兴趣爱好与特长应用到实践活动中，我的所学会更有意义。多次的游学经历，让我善于将不同国家的文化常识、风土人情、思维方式融会贯通，可以更有质量地弘扬民族文化。今年疫情期间，我通过互联网教外国小朋友说中文、吹竹笛，和他们一起体验中华文化中的一字一世界、一语一乾坤，了解民族乐器源远流长的历史。希望国外的小伙伴们能够和 China 摩擦出更多"火花"，让孔夫子的话，越来越国际化。

诺米感觉自己渐入佳境，本来机械性的背诵已经在不知不觉中转化成了感情充沛的朗诵。原来演讲并不像自己想的那么严肃。加油，诺米，你是最棒的！

实践活动中积累的宝贵经验，提高了我的活动策划和组织能力。现在辅导员把中队的主题活动全权交予我负责，是对我莫大的信任与鼓励。主题班会——我的时间我做主，从确定主题、明确方案、制定细则，到设计黑板报、问卷调查和满意度调查表格，通过学习、沟通、辅导员的指导和队员们的协助，我们"遇山开山，遇水搭桥"，逐步完善活动方案，顺利组织了班队活动……

我还将协助老师组织爱心奉献活动。例如，请队员们将义卖所得，通过网络购买"爱心午餐"，帮助贫困儿童，或通过讨论一件事、发送一封信、绘制一张画、同唱一首歌、共跳一支舞等方式，与伙伴们互相鼓励，一起享受最美好的童年。

能够为队员们服务的工作还有许多！我愿做个小太阳，播种温暖和快乐。请大家在没有确定给我投票之前，不要用光手中的选票哦。再想想，直到确定要选择我。

请记住，我叫诺米！"放心牌"大队委员候选人！不要因为我第一位发言，投票的时候就把我遗忘在灯火阑珊处哦！谢谢大家！

"请校领导为新一届大队委授章！"主持人洪亮的声音将诺米的思绪拉回到眼前的舞台。听着台下的阵阵掌声，诺米觉得自己棒棒的，谁说文静内敛就不能好好演讲？！

二、煮茶论道

和诺米一样，一向能安静就绝不浪费自己口水的唐果果接到了一个文艺范儿十足的任务——煮茶论道。

原来临近谷雨，班里接到学校任务，需要做一期谷雨节气的活动。车尔摩斯大手一挥，将这个光荣而艰巨的任务直接交给了"神兽"们。

领到任务的"神兽"们七嘴八舌地讨论着谷雨的习俗。有的说要吃香椿，不用说是个美食爱好者；有的说要"走谷雨"，这一听就是个旅游达人；有的说要赏牡丹，可见是个爱花之人……轮到唐果果发言，她一脸陶醉地说："谷雨谷雨，当然最妙的就是谷雨茶，有句谚语就叫'清明见芽，谷雨见茶'。"

哟，看样子唐果果对茶很有研究啊，诺米一脸谄媚地看着唐果果："果果，你是不是对谷雨茶很有见解？"

唐果果一看诺米的表情，心中顿时警铃大作，她可是知道自己的好朋友是什么样的，看着人畜无害，"坑"起人来从不手软。竖起厚厚盾牌的唐果果连忙摆手："不熟不熟，我只是偶尔听家人说过这些。"

诺米哪里会信她的话，直接宣布决定："谷雨活动增加一个节目——聊聊雨前茶。你们说怎么样？"怎么样？当然好啊，本来就为节目太少发愁，这有了新节目当然双手赞成。

唐果果终于体验了一把诺米经常说的"赶鸭子上架"是什么滋味了，谁让自己交友不慎呢！

等到上交材料的前一晚，诺米收到了唐果果的文件。打开视频，一个干净利落的小女孩出现在画面中："大家好，今天我给大家带来的谷雨习俗是摘雨前茶。雨前茶就是谷雨之前采摘的茶叶。谷雨时节万物复苏、雨量充沛，茶树经过一个冬天的储备，焕发出盎然新机。此刻的新芽叶片饱满、柔软翠绿，富含多种维生素、氨基酸，香气宜人。"画面中，面对自己感兴趣的话题，唐果果侃侃而谈。

哇，真没想到平时静若处子的唐果果也有这么能说会道的时候！

唐果果才不知道此刻的诺米是如何看自己的视频的，她继续进行着忘我的演讲："传说，谷雨这天采摘的茶清火、辟邪、明目。因此，无论谷雨这天什么天气，大家都会去茶山摘一些新茶。茶农们说，真正的谷雨茶就是谷雨这天采的鲜茶叶做的干茶，而且要上午采的。要知道，谷雨茶只有贵客来了才会拿出来喝呢。像我们青岛崂山地区的雨前茶，因为产量稀少，也是千金难求呢。你们看我手中的这一小撮儿还是求着爸爸给我的。"说完她还不忘展示自己手中的几根茶叶。

画面中的唐果果完全忽略了诺米"坑"她的事情，毕竟讲得这么棒自己也没想到。谁说温婉内敛就不能好好演讲?!

三、主持风范

又到了每月一次的班会时间，为了确定这次班会的主持人，诺米煞费苦心。活泼开朗的当然好，不用诺米动员，就自发给自己安排什么时候哪次班会做主持。可是一个班不可能全都是活泼开朗的啊，真那样的话车尔摩斯早就"头大如斗"了。至于快三年了，车尔摩斯为啥没有疯掉，诺米觉得班里像她这样文静内敛的"神兽"

有很大的功劳。

几次班会后，班里活泼的主持人基本换了一茬了，剩下的要么不喜欢主持，要么安安静静从来不显山露水。这次班会主持人选可把诺米愁坏了。

张小山？王卜卜？周周？对了，周周！

诺米忽然觉得周周虽然平时话不多，但那股稳重的派头应付班会这种小场面肯定没问题。得嘞，就他了。

诺米一直没有决定该怎么告诉周周这个消息，是惊喜的表情呢还是惊吓的表情？是该可怜兮兮、苦苦哀求他帮忙呢，还是兴高采烈地击掌为他祝贺？纠结的诺米思来想去决定还是直说，不要给自己加那么多戏了，却没想到一向淡定的周周听完消息后眼皮都没抬，只是点点头说了声："好，知道了。"听得诺米直怀疑人生，早知道这么简单，自己为什么还那么纠结！

在小伙伴们的日盼夜盼中，在诺米对周周主持基本功的忐忑不安中，儿童节的班会轰轰烈烈地召开了。

当诺米第十一次向周周确认是不是真的没有问题时，周周说了一句话，怼得诺米再也不去问了——"有问题，我不主持了行不？"看，怼人的周周也很威武。

开始了，开始了。诺米紧张地攥着自己的拳头，祈祷着班会顺利完成！

五月的笑声还在空中回荡，我们即将迎来六月的欢乐海洋。六月一日，是儿童们肆意狂欢的节日，六月二十日，是父亲们神采飞扬的日子。当儿童节遇上父亲节，将会为我们带来怎样的惊喜呢？

呵，这是谁在说着这么激昂欢乐的主持词？这还是平日里沉稳加沉默的周周吗？诺米捏捏自己的耳朵，揉揉自己的眼睛。那台上站着的落落大方的主持人不是周周还能有谁！

我们的童年是快乐的儿歌，是鲜艳的花朵；我们的童年是初升的太阳，是无畏的拼搏；我们的童年是多少话儿都说不完的朝气蓬勃；我们的童年是无数第一次组成的喜怒哀乐。

周周依旧说着自己的主持词，他可不管诺米怎么想，尽力做好自己的事情就好。

这下诺米更惊呆了，自己写的主持词在周周和伙伴们声情并茂的朗诵中，怎么那么悦耳动听！

让我们在幸福的童年里，储备知识，积蓄能量。待到雏鸟成雄鹰，万里长空，任我翱翔。祝大家：六一儿童节快乐！

不知不觉中，班会进入了尾声，当周周说完最后一句主持词，诺米好不容易合上自己因为长时间张开而发酸的嘴巴。现在她只有一个想法：今天的练字无论如何都得给车尔摩斯赖掉，找到这么给力的主持人，自己容易吗？！

听着同学们对班会的高度赞扬，周周决定大度地不计较诺米 11 次不相信他的事。他还要冲诺米来上一句：谁说沉稳内敛就不能好好演讲？！

一、起——童年班会，隆重开场

投屏上播放着一早准备好的开场视频，大家和以往一样，不约而同地倒数："5，4，3，2，1！"随着喊声落下，屏幕上跳出了几个可爱的大字——不一样的童年。

对了，今天这场是儿童节的主题班会，也是这个学期的最后一次班会，所以大家格外重视，个个儿精神抖擞，期待在班会上展现出最好的自己。为此，诺米和同学们辛苦准备了一个周，想要给大家的三年级画上一个完美的句号。

王小帅、周周、笑嘻嘻和黄小瓜，四位伙伴作为主持人，落落大方地站在讲台上，激情高昂地说着准备好的主持词……

听，是不是有点儿不一样？儿童节班会很容易陷入

节目和游戏的怪圈。诺米偏不！她把同样在六月份的父
亲节拿来用，效果还不错，不信你接着往下看！

　　"请欣赏宣传部为我们带来的《我和爸爸妈妈比童
年》。"主持人周周流利地报着台词，那沉稳劲儿，都快
赶上央视主持人了。

　　诺米坐在台下，想起第一次找周周做搭档时他还很
紧张，讲解时手脚无处安放，再看看眼前的少年，诺米
忽然有种"周周少年初长成"的感觉。看来，诺米可以
退出江湖了。

二、承——精彩节目，百花齐放

　　同学们，你们知道咱们爸爸妈妈小时候，课间休息
都玩些什么吗？男孩子们的弹珠、翻纸片；女生的跳摇绳，
全国统一模式，是不是很神奇？

　　那时候，他们外出，没有这么多交通工具，最常见
的是自行车。家里如果买一辆摩托车，孩子们会风光很
长时间。不过如果现在让我坐一次摩托车，我也会感觉
很拉风，比飞机、高铁帅多了！

　　还有最爱吃的糖是大白兔奶糖。拿着一角两角零花
钱买上一块大大泡泡糖吹一个超级大的泡泡，能开心到

飞起。

宣传部的李大侃同学充分发挥了他爱说话的优点，侃侃而谈，有趣的句子配上夸张的表情，逗得同学们哈哈大笑。诺米也笑得前俯后仰，真是海水不可斗量、大侃不可貌相啊！

大侃的趣味演讲，吸引了伙伴们的高度关注，在自由发言环节，连一向胆小安静的张小山都忍不住上台讲述了自己爸爸小时候的糗事，再次让诺米同学目瞪口呆——原来自己的周围卧虎藏龙啊。

王卜卜听大家讲过自己爸爸妈妈的童年后，来了一场"降维打击"，直接邀请了一位重量级嘉宾——自己的姥姥，通过视频来给大家讲述旧时代的童年往事。

在姥姥断断续续的回忆中，诺米和小伙伴们好像回到了那个吃不饱穿不暖、衣服补丁一层摞一层的年代，一个个红了眼眶，丝毫不见刚才的嬉笑玩闹。

如果说爸爸妈妈的童年给诺米带来的是一份没有作业、简单纯真的快乐，那么姥姥的童年则给诺米带来了更多的心酸与震撼，就像一直以来车尔摩斯教育大家的一样："没有共产党就没有新中国，要珍惜现在的幸福生活。"

看着大家在台上展示的各类或有趣或感人的节目，诺米觉得现在的班会越来越百花齐放，但愿这次能通过

车尔摩斯的考验和磨炼，胜利就在前方！

三、转——忽悠直播

儿童节的班会必须不能少了童声大合唱。只是看过了节目听过了歌，是不是还少点什么？

笑嘻嘻懵懂地问："少点什么？"

哈哈，少点什么？当然是少了每期必备节目——《忽悠直播》啦！

要知道《忽悠直播》可是全班同学最喜欢的节目了。小忽和小悠的直播现场简直就是德云社演出现场。各种糗事、趣事、好玩的、好笑的，哪怕是非常普通的事，从忽悠搭档口中说出，自带幽默效果。

听到台上主持人的邀请，小忽、小悠小跑着上台来，开始了儿童节的有趣直播。

小忽说："六月的节日很多哦：快乐的儿童节，有滋有味的端午节，还有爸爸们期待已久的父亲节。"小悠就打击他："呃，还有想说爱你不容易的期末考试。"小悠嫌弃小忽交作业太积极；小忽说小悠自讨苦吃，用"又……又……就像……"造句的时候，竟然能造出句子"我们的语文老师又白又圆，就像刚出锅的大馒头"。小忽说自

己的童年糗事都不值得一提；小悠说自己的童年理想是不吹不弹不练字，有糖有果有电视。小忽抱怨家长"只许州官放火，不许百姓点灯"；小悠抱怨自己出去玩要写游记，看展览要写观后感，看场电影也要有感想。

听到这里，是不是感觉这小悠说话的风格有点熟悉呢？你猜对了，小悠就是诺米同学，至于小忽嘛，你猜他是谁？

四、合——新学期再见

在王小帅、周周、笑嘻嘻和黄小瓜的卖力主持下，

上课时感觉漫长的几十分钟，大家开开心心地飞快度过。诺米觉得"不一样的儿童节"是这学期自己组织得最成功的一次班会了。

回想一下这学期的几次班会，第一次懵圈儿状态，第二次严重超时，第三次临时更改主题……从开始时连最活跃的李大侃都在抵触，到现在安静如王卜卜都不停地期待新班会，诺米觉得自己和小伙伴们在车尔摩斯的一路指挥下脱胎换骨，痛苦并快乐着。

当然，最快乐的莫过于在大家的怂恿下，车尔摩斯在班会上唱了红歌，还画画儿，帮着拖地，指挥后撤椅子。只是，还有一个遗憾，不管诺米和李大侃他们如何怂恿，车尔摩斯坚决拒绝上台跳舞。看来诺米要退出江湖还远得很，诺米暗想：让车尔摩斯跳舞是她接下来班会的主要任务，作为组织者，"抛头颅、洒热血"，一定要为同学大众谋"福利"，车尔摩斯的舞蹈将是新学期的新挑战！

咱们，新学期见！

后记

各位小可爱、大可爱，感谢大家能翻阅到这一页。作为《诺米出蒸》的最后一段文字，能看到这里的都是真爱！

我从未想过有一天自己的文字会装订成册。从筹划出书到今天，悄然间，已经走过了大半年。站在四年级新学年的门槛上，回望过去三年的小学时光，我用青涩的文字、稚嫩的笔迹，记录了珍藏在我记忆海洋中如珍珠般闪耀的点点滴滴，描绘了我三年小学生活平凡但不平淡的"蒸"途。

两年前，我开始接触写作。一路走来，有许多人给予了我指导和帮助，最感谢的是我的语文老师兼班主任车林琳老师。车老师是我写作路上的领路人。从第一篇看图写话到现在的日常练笔，她不厌其烦地在每一篇作文后批注上自己独特的见解。伴随着她充满爱意的一字一句，我也从写作路上一个懵懵懂懂的孩童成长为可以笔下生花的小作者。不仅如此，如同我在书中所写那般，车老师总会在不经意间将做人做事的道理潜移默化地播种在我们幼小的心田。我一直记得她的教导：要有正能量，要用积极的心态、宽广的胸怀去看待事物；写作最重要的是"我手写我心"，真情实感永远是最打动人心的语言。翻看着手中的《诺米出蒸》，从第一页到最后一页，一页页品味，一篇篇欣赏，在笑声中我满心欢喜与感激，感激在成长路上遇见这样一位眼中有光、心中有爱的老师。

最后，衷心感谢给予过我鼓励和帮助的所有长辈、亲朋和好友！感谢袁圈、唐果果、张小山等同学！感谢所有陪伴"诺米"一起"出蒸"的大家！

刘家辰（诺米）

2021 年 10 月于青岛